人生を切り開く

笑いのチカラ

安積中
AZUMI NAKA

幻冬舎 MC

はじめに

私たちは今、「笑っている場合ではない」世の中を生きています。

日々の生活の満足度を聞いた調査（令和元年度「国民生活に関する世論調査」）によると、日本人の４人に１人は何かしらの不満を抱えています。周りを見渡せば、収入減少、年功序列と終身雇用の終焉など、不安を感じる要因があります。さらに、老後の未来には年金不安と健康不安が待っており、それに加えて、昨今ではコロナ禍での鬱々とした状況もあります。

しかし、このような世の中だからこそ、笑いが必要です。

笑いが健康やコミュニケーションなどの面でさまざまな効果を生むことはよく知られています。

例えば、がん細胞などに抗うＮＫ細胞が活性化されるという報告がありますし、筋肉と心理的な緊張がほぐれてリラックス効果が高まることも分かっています。

つまり、不満や不安が生み出すストレスなどを解消できる数少ない方法の一つが、笑いなのです。


自己紹介が遅れましたが、私は大阪で歯医者をしています。

「なんだ歯医者か……」「裕福な家に生まれ、順風満帆に生きてきたのだろう」と思う人がいるかもしれませんが、実際は正反対です。

生まれ育ったのは大阪の下町にあった風呂なしの団地です。

おもちゃは手作り、服はすべてお下がり、食事はこれ以上ないほど質素で、貧乏生活が当たり前でした。

そんな私に「運命の瞬間」が訪れたのは、小学1年生のときです。

近所の歯科医院の前にフェラーリが停まっているのを発見し、「歯医者になる」と決めました。

「歯医者になればフェラーリに乗れる」そう考えたのです。

夢は決まりましたが、問題はお金と学力です。

我が家には塾に通う経済的な余裕はなかったので、私は狭い6畳の部屋の隅っこのほうでコツコツと勉強を続けました。


学力については、高校3年生のときの模擬試験で、志望校の歯学部に対し、ほぼ合格の見込みがないE判定が出ました。模試の評価どおり、入試では二浪しましたし、入学後は留年もしました。


よく「人生、山あり谷あり」といいますが、私が歯医者になるまでの道のりは「谷あり、谷あり」だったのです。

しかし、谷底で鬱々としているとき、私はあることに気がつきます。

「現実を恨んだり、他人を羨ましく思ったところで何も変わらない」

そして、こんなことを考えます。

「笑っている場合ではないほどの窮地なら、いっそ無理矢理にでも笑うことで何かが変わるかもしれない」「意外な解決策が見えるかもしれない」

実際、笑うことで状況は変わります。

そう確信したのは、一浪をしていた際に、予備校での模擬試験でE判定が出たときでした。

これは正直ショックで、歯医者になってフェラーリに乗る夢が想像以上に遠いと気づかされました。

笑っている場合ではありませんでしたが、落ち込んだところで成績が変わるわけではないと思い、隣に座っていた予備校の友人に模擬試験の成績表を見せてやろうと思いました。

「なぁ、俺は将来、歯医者になってフェラーリに乗ろうと思ってるんや」

「知ってる。なんべんも聞いた」

「でもな、これ見てみ。E判定やねん」

「ほんまやん！　絶望的やん……」

そう言って、友人は笑いました。私もつられて笑いました。笑い声を聞いて集まってきたほかの友人も笑いはじめ、みんなでE判定を大笑いしました。

そんなことを繰り返しているうちに、「俺も医者志望やから一緒に頑張ろうや」「二浪でダメなら三浪や」と応援してくれる仲間が増えていきました。歯医者になる夢に挑戦し続けられたのは、笑いを通じてつながった彼らと、励まし合い、支え合えたからなのです。

その後も「嫌やなあ」「つらいなあ」「困ったなあ」と感じたことが何度もありましたが、その都度、この境遇を笑いに変えられないだろうかと真っ先に考えています。

相手がつらそうにしているときは、幼い頃の貧乏エピソードや苦学生だった頃の話を率先して話すようにもしています。

虫歯治療で緊張している子どもがいれば「お菓子を食べ過ぎたら虫歯になるで。先生は子どもの頃、貧乏でな、お菓子を食べられへんかったから虫歯もないんやで」と伝えます。予備校生や進級が危うい患者さんには「僕は二浪ですよ」「一留は一流なんです」と伝えます。

そんなやりとりを笑って楽しんでくれる人が増えて、おかげで患者さんたちからは、「また先生に診てもらいたい」と言ってもらえます。歯科医院はコンビニより多いといわれるほど供給過多の状況のなかで、開業医として楽しく経営できているのも、笑いが患者さんを呼び、リピーターを呼んでくれているからです。

本書は、私の「谷あり、谷あり」の半生を笑っていただきつつ、その過程で実感した「笑いのチカラ」についてまとめたものです。

「笑う門には福来る」というように、笑っている人や笑いをつくり出せる人のところには、人が寄ってきます。私の場合、気づけば夢も近づいてきましたし、笑うことで元気になり、笑ってもらうことで人を楽しませ喜ばせることができたという充実感も生まれました。

この力を習得して、ハッピーな人生を勝ち取ってください。

「笑っている場合ではない」と感じる世の中こそ、不遇のなかから笑いのネタを見つけ出す視点をもってください。笑い、笑われ、笑わせることにより、一人でも多くの人がハッピーな人生を送ってくれることを祈っています。

人生を切り開く笑いのチカラ　目次

はじめに　3

［第1章］「笑いのチカラ」こそ人生を豊かにするカギ

葬儀場と歯科医院では誰も笑わない　16

笑いがもたらす6つの効果　17

心も体も人生も豊かになる　26

［第2章］人生を切り開く3つの「笑いのチカラ」

夢の実現に必要なもの　30

人生、谷あり、谷あり　32

①「笑うチカラ」が人と知見を呼び込む　35

②「笑われるチカラ」で足りないものが見える　39

③「笑わせるチカラ」は人生設計に役立つ　43
窮屈な時代こそ「笑いのチカラ」を磨こう　46

［第3章］「笑うチカラ」～苦境は笑い飛ばす～

運命の出会い　50
笑うために重要な3つのポイント　52
人を妬む気持ちを消す　55
貧乏が当たり前だった少年時代　58
憧れた「新・三種の神器」　61
経済発展に取り残された家　63
絶対権力をもつスパルタの父　65
笑顔で働き続けた母　67
文句を言う前に感謝　68
病気の友達から学んだこと　71
欲しいものは自分でつかみ取る　74

目標達成の予行演習　76
楽しいから頑張れる　78

［第4章］「笑われるチカラ」～人に笑われる目標ほど価値がある～

10年越しの告白　84
「笑われるチカラ」が身につく3つのポイント　86
目標の公言を恐れてはいけない　89
最大の問題は学力不足　91
笑われたくない病　93
描けていない目標までの道のり　96
甲子園で優勝した同級生　98
やる気を失い、退化する日々　100
自分の気持ちに素直になる　102
笑われて気づいたこと　104
本気で挑んだ三度目の正直　107

笑いを通じて仲間ができた 110
本気で取り組むからかっこいい 111

［第5章］「笑わせるチカラ」～人が「面白い！」と思うポイントを見極める～

笑いが空気を浄化する 116
「笑わせるチカラ」をつける3つのポイント 117
主役は相手 122
相手を落とさず自分を落とす 124
笑えるのは美談ではなく失敗談 126
最適なオチを考える 128
サービス精神が大事 130
自分に好意的でない人も笑わせられる 131
人生のオチを意識する 133
ブラック医院の雇われ院長 135
堂々と言えば2割増しで面白い 138

経験談は自信をもって語れる 139
自信は目標達成につながる 142
開業の機会を呼び込んだ 143

［第6章］ 人生、笑ったもん勝ち

理不尽のなかで考えたこと 148
「笑うチカラ」で前向きになれる 150
笑わせること＝人を喜ばせ、幸せにすること 153
笑いの絶えない楽しい人生を送るためには、常に目標が必要 154
目標を明確にする 156
笑って死ぬことは、人生最高のオチ 157

おわりに 159

［第1章］

「笑いのチカラ」こそ人生を豊かにするカギ

葬儀場と歯科医院では誰も笑わない

誰も笑わず、何かを一緒に喜び合うこともなく、笑顔で挨拶することもなく、おいしいものを食べてもニコリともしない――。

そんな世界だったら、毎日はきっと鬱々として、退屈で、つまらないものになるでしょう。

一般的なイメージとして、歯科医院はそれに近いかもしれません。

歯科治療に来る人たちは、たいてい不安な表情をしています。「ここは葬儀場?」と思うくらい待合室の雰囲気は暗く、子どもも大人もニコリともしません。治療室のほうからは、キュイーンと歯を削る機械音が漏れ、火がついたように泣き叫ぶ子どもの声が聞こえてきます。

一般的な歯科医院ではそのような実態がありますが、私のクリニックは非常に平和です。歯科医院独特の緊張感や悲壮感はなく、温かく、穏やかな雰囲気に包まれています。

なぜ一般的な歯科医院とは異なる様子かというと、開業以来、患者さんの笑顔を増やすことを医院の使命に掲げ、治療を行ってきたからです。歯科治療は、明日からを楽しく、幸せに生きるために行うものです。歯科医院は、痛みから解放され、健康できれいな歯を見せて思い切り笑えるようになるための場所です。

医院名に「ハッピー」という言葉を入れたのも、その思いの表れです。歯の痛みが消えれば、自然と笑顔になれます。笑顔をパワーアップさせるために、審美歯科などの美容に近い治療を受けることもできます。

歯医者は本来、そうした役目を果たす存在です。歯科医院が不安な表情の患者で溢れ、笑顔が消えている場所となっていることが、そもそもおかしいのです。

笑いがもたらす6つの効果

「いい歯で、いい笑顔」というキャッチフレーズは歯医者の常套句になっています。このフレーズは、治療をすれば、健康な歯が手に入り、きれいな歯で自信をもって笑顔になれるという意味でよく使われていますが、「いい笑顔」で笑うことで心身ともに健康になるということを、日々患者と向き合うなかで感じています。笑いは気持ちを明るくしてくれますし、周りの人たちとのコミュニケーションも円滑にしてくれます。

これは私の持論ではなく、医学や心理学の世界でもその効果は立証されており、6つの効果があるとされています。

1つ目は、「幸福感が増す」という効果です。

笑うと幸せな気分になります。これは誰しも経験があるはずです。イライラしていたり嫌なことがあったりしても、何かの拍子に笑うと、さっきまでの不快な気持ちが薄らいだり消えたりします。その理由は、笑うことによって脳内ホルモンのエンドルフィンが分泌されるためです。

脳内麻薬とも呼ばれているエンドルフィンには、痛みやストレスによる苦痛を抑える作用があり、その効果はモルヒネの数倍といわれています。マラソンをする人たちの間では、エンドルフィンはランナーズハイをもたらす要因として知られているかもしれません。エンドルフィンは、マラソンのように肉体や精神が極限状態に追い詰められたときに分泌されることが多いのです。

一方で、苦痛を感じているときとは正反対の、幸せを感じるシチュエーションでも分泌されるのがエンドルフィンの不思議なところです。おいしいものを食べて満腹になったときや、温かいお風呂に入ってリラックスしているとき、そして楽しく笑っているときにもエンドルフィンは多く分泌されるのです。

2つ目は、「自律神経のバランスが整う」という効果です。

不安や恐怖、緊張などによって心にストレスが掛かると、脳でストレスホルモンと呼ばれるコルチゾールの分泌が増えます。コルチゾールは副腎で分泌されると、血流に乗って全身を回ることで、「ストレスに対処しましょう」という指令を体内の臓器に伝えていきます。例えば心臓の場合、この指令を受けると心拍数が増えます。その結果、血圧が上がり「心臓がドキドキする」状態になるわけです。歯科医院で治療を受ける前などはまさにこのような状態といえます。

また、コルチゾールは、すべての内臓や全身の血管を支配している自律神経にも大きく影響しており、交感神経を優位に働かせます。交感神経は、体が活発に動いているときに優位になる神経で、血圧を上昇させたり、瞳孔を拡大させたりします。分かりやすくいうと、心と体が興奮している状態をつくり出すのです。

一方、眠っているときやリラックスしているときは副交感神経が優位になります。この2種類の神経が自律神経と呼ばれるもので、交感神経と副交感神経がうまくオンとオフを切り替えることで、心と体のバランスが取れるようになっています。

笑いには、体内のコルチゾールの値を下げる効果があり、ストレスによって体が興奮状態（交感神経が優位）になったときでも、副交感神経を優位に働かせる役割があるのです。

3つ目の笑いの効果は、「エイジングケア」になるということです。

アメリカの心理学者の研究で、笑顔と見た目の年齢について調査したものがあります。ある男性モデルの3パターンの表情（無表情、小さく笑った顔、歯を見せて笑った顔）を写真に撮り、その写真を見た人に「何歳に見えるか」を聞くというものです。その結果、無表情の写真は平均55歳でしたが、少し笑うだけで53歳、歯を見せて笑った表情は52歳に見えるという結果になりました。個人差はあるでしょうが、笑うだけで3歳も若く見えることが分かったのです。実生活においても、ニコニコしている人が若々しく見え、無表情でむすっとしている人が実年齢よりも老けて見えると感じたことがある人も多いと思います。

そもそも人は年を取るほど笑う回数が減っていくことが分かっています。子どもはどれくらい笑うかというと、その数、なんと1日400回といわれています。1日400回ということは、起きている時間を半日程度としてもおよそ2分に1回のペースで笑っていることになります。

「ああ、子どもの頃は楽しかったなあ」

そう感じる人もいることでしょう。2分に1回笑っているのですから、楽しいはずなのです。しかし、年を取ると笑う回数が減っていき、20代で1日20回ほど、50代で10回未満、70代では1、2回まで減ります。

私のホームグラウンドでもある笑いの聖地・大阪でも、40代男性の5人に1人は「週に1回も笑わない」というデータがあります。

これらの調査結果から年を取るにつれて笑わなくなり、笑わないからさらに実年齢よりも老けて見えるという悪循環があるということが分かるのです。

4つ目の笑いの効果は、「免疫力がアップ」するということです。

笑いの健康面での効果では、ナチュラルキラー細胞（NK細胞）が活性化されることが解明されています。NK細胞というのは白血球の一種で、がん細胞などを退治する自然治癒力をもつ細胞です。

人の体内では、健康な人であっても1日に数千個ものがん細胞が発生しています。しかし、人は生まれながらにNK細胞をもっているため、これらががん細胞を死滅させているのです。つまり、NK細胞が活性化している人ほど、がんになりにくく、健康でいられるということです。

笑いがNK細胞を活性化することは、多くの実験によって証明されています。その一つが、大阪ミナミにある「なんばグランド花月」で行われた実験です。知らない方のために説明しておくと、なんばグランド花月は吉本興業が運営する大阪では知名度ナンバーワンのお笑い劇場です。この聖地で実験を取り仕切ったのは、がん研究の名医である伊丹仁朗先生です。

がんや心臓病を患っている人を含む19人に漫才や新喜劇を見て笑ってもらい、免疫機能にどう影響するかを調べるという内容でした。実験では、まず被験者に3時間大笑いしてもらいます。その前後に採血してNK細胞の数値を測定します。結果、漫才や新喜劇の鑑賞前にNK活性の数値が低かった人は、鑑賞後には正常範囲まで増加していました。

このことから、笑いには免疫力向上やがん予防の効果が期待できることが分かり、しかも、即効性があることも分かりました。笑いは、精神的な安定をもたらすだけでなく、肉体的にも健康増進につながる重要なものなのです。

5つ目の効果として挙げられるのは、「血流と血糖値が良くなる」ということです。

笑うと通常よりも呼吸の回数が増えます。また、思い切り笑ったときの呼吸は深呼吸や腹式呼吸と近い状態になるため、通常時の呼吸（胸式呼吸）と比べて、体内に取り入れる酸素の量や、体外に排出する二酸化炭素の量が増えます。体内に取り込む酸素の量が増えることで血流が良くなり、新陳代謝が活発になります。加えて笑いには、血糖値を下げる効果もあるといわれています。

また、大笑いするとお腹が痛くなることからも分かるとおり、腹式呼吸に近い状態で呼吸することで、腹筋や横隔膜の運動にもなります。笑顔をつくるための顔の筋肉の一つである表情筋も鍛えられますし、笑いと筋肉の運動でカロリーが消費されるため、多少ですがダイエットにもつながるのです。

血糖値については、村上和雄先生が行った実験で、2型糖尿病を患っている人に漫才を見てもらい、血糖値の変化を調べたものがあります。被験者には、まず、食後に退屈な講義を聞いてもらい、そのときの血糖値を調べます。翌日は食後にB&B（「もみじまんじゅう」で一世を風靡《ふうび》したコンビです）の漫才で笑ってもらい、血糖値を調べます。この結果を比べたところ、漫才を聞いた日のほうが血糖値の上昇が大幅に抑えられていたことが確認できました。

6つ目の効果として、笑いによって「脳の働きが良くなる」ことも分かっています。

血流が良くなることは脳にとっても重要なポイントです。脳は、最も酸素を消費する器官です。言い換えると、脳は最も酸欠に弱い器官で、例えば、ストレスを受けたときなどには呼吸が浅くなることによって、体内の酸素を大量に消費してしまい、働きが低下します。眠いときやぼーっとしているときに出るあくびも脳の酸欠状態を示す現象の一つといわれ、こういう状態のときも脳の機能が低下しています。この状態を脱するには脳に酸素を供給する必要があり、その酸素は血液によって運ばれます。つまり、笑って血流が良くなることにより、脳に運ばれる酸素の量が増え、脳が活性化するというわけです。

笑いと脳内の酸素について調べた実験も数多く行われています。ある病院では脳疾患がある患者に落語を聞いてもらい、その前後で脳の血流量を調べました。その結果、6割以上の人の血流量が増加したことが分かりました。また、血流量が増えたのは落語を聞いて笑った人で、つまらないと感じた人、面白くないと感じた人たちの血流量は増えない、または減っていました。

このことから分かるのは、血流量を増やすために重要なのは落語を聞くことではなく、落語を聞いて面白いと思ったかどうか、つまり、面白いと思ったり、笑ったりすることが大事ということなのです。

笑いと脳については、もう一つ大事なポイントがあります。それは、笑うと脳のアルファ波とベータ波が増えるということです。脳は、リラックスしているときにアルファ波が現れ、考えごとなどをしているときにベータ波が現れます。また、脳の機能が低下しているときにはデルタ波とシータ波が現れます。前述した落語の実験では、笑った人の脳内で、アルファ波とベータ波が増えました。つまり、笑いによって脳はリラックスした状態にも、考えごとなどができる状態にもなるということです。

心も体も人生も豊かになる

6つの笑いの効果のほかにも、笑いによって糖尿病が改善した、認知症が軽減した、リウマチが改善したなど、研究や実験の報告はたくさんあります。それらも踏まえていえることは、笑いは脳にも体にも良く、精神的にも良い万能薬のような効能ももっているということです。

当然、心身ともに健康であるほど人生は豊かになります。また、笑いは場の雰囲気を明るくしますし、笑顔は相手を安心させ、心地よくさせます。そう考えると、笑いを増やすことは、世の中を良くしていくことと言っても決して過言ではありません。古今東西、笑いながら戦争した人はいないのです。

ここで泉 重千代さんという人物のエピソードを紹介します。泉 重千代さんは鹿児島の徳之島出身の男性で、世界最長寿でギネスブックに認定されたことがある方です（現在は出生時の証明が不明瞭という理由でギネス認定はされていません）。その泉さんが、長寿の秘訣を聞かれたインタビューで、こんなふうに答えたという話があります。

以下、レポーターと泉さんのやりとりです。

レポーター「長寿の秘訣はなんですか？」
泉さん「酒と女かのお」
レポーター「お酒は何を飲むのですか？」
泉さん「黒糖焼酎を薄めて飲むんじゃ」
レポーター「女性はどういうタイプがお好きですか？」

泉さん　「私は甘えん坊だから、やっぱり、年上の女かのお」

もはや説明するまでもないでしょうが、世界最長寿の泉さんより年上の女性はいません。泉さんがウケを狙ったのかどうかは分かりませんが、狙ったのだとしたらすばらしい笑いのセンスです。泉さんの家には、当時、長寿世界一にあやかろうと毎日のようにたくさんの人が訪れたそうです。そういう人たちに、泉さんはお酒を出してもてなしました。楽しい人のところには自然と人が集まります。

泉さんが元気で長生きできたのも、常に周りに人が集まり楽しい人生をまっとうすることができたのも、大好きなお酒、女性だけでなく、冗談で周りを笑わせる笑いのチカラがあったからだと思います。

［第2章］

人生を切り開く3つの「笑いのチカラ」

夢の実現に必要なもの

笑いが脳にも体にも良い効果をもたらすことは、昨今のさまざまな研究によって解明されてきましたが、それだけではなく、笑いにはほかにも力があります。

笑いは、夢がある人、目標がある人、そして、壁にぶつかって諦めそうになっている人にとって、人生を切り開く強力な味方になります。私自身、これまでに何度も壁にぶつかってきました。その都度、笑いのチカラで楽々と……とまではいきませんでしたが、どうにか乗り越えることができました。

人生を切り開くためには、まず夢が必要です。夢という言葉が大き過ぎる、漠然としていると感じるのであれば、理想や目標と言い換えてもよいでしょう。人は自分のなかに「こうなりたい」という未来像があると、その方向に向かって進むことができます。なりたい自分を具体的に思い浮かべることで、実現に向けて努力するモチベーションも高くなります。

ただ、いくらモチベーションを高く保って努力をしても、現実は厳しく、必ずどこかで壁にぶつかります。

そこで必要になるのが、「必ずなりたい自分になれる」「絶対に目標を達成できる」という自信です。人は気持ちに左右されやすい生き物です。夢や理想、目標があっても、「どうせ無理だろう」「ダメだろう」と諦めていると、100％の実力が出せませんし、つい、まだ挑戦もしていないときから「できなかったときの言い訳」を考えてしまいます。

しかし、どんなに難しい目標であっても、自信があれば堂々と思い切って挑戦することができます。そのためにも、「できる」という自信が必要ですし、できるまで自分を信じて挑み続ける覚悟と地道な努力の積み重ねも必要です。

また、目標達成のためには、壁を乗り越えるための武器も必要です。武器とは、例えば、壁を乗り越えるための解決策や、そのヒントです。または、そのような知見を提供してくれる人や、「諦めるな」「大丈夫」と励ましてくれる仲間です。

実はこれらは、笑いによって獲得できます。笑いが自信を生み出し、目標達成を目指すために必要な仲間を引き寄せてくれるのです。

人生、谷あり、谷あり

私は大阪の下町にある2Kの風呂なし団地に住んでいました。10歩も歩けば部屋の端から端まで移動できてしまうような環境で、頑固で超短気なタクシー運転手の父、超倹約家で働き者の母、弟のために私立高校受験を許されなかった姉、そして密かに歯医者を目指す私の4人暮らしでした。生活環境から察することは容易ですが、非常に貧乏な家でした。日々の生活費すらままならないような状況のなかで、私は「歯医者になる」という目標を掲げるのですが、そのためには乗り越えなければならない壁がいくつもありました。

まず、歯医者になるためには歯科大学に通う必要がありますが、うちには学費を出せるほどのお金がありません。安積家から歯医者が誕生するなど誰も考えていませんし、大卒が出るなど考えていません。

そして、歯医者になる目標は日に日に大きくなっていきますが、歯医者になるための学力がまったく足りていなかったのです。

「このままではあかん……」

中学生になる頃には自分の学力不足を実感するようになりますが、塾に通いたいなんて言い出せるわけもありません。

よく「ゼロからのスタート」といいますが、私の場合、生活環境で見ればゼロというよりも、それを飛び越えて「マイナスからのスタート」でした。ヨーイ、ドン！とみんなが一斉にスタートするときに、すでに周りと100メートルくらい差がついているような状況です。

また「人生、山あり、谷あり」という表現もありますが、私が思うに、それも、そこそこ環境に恵まれた人の表現だと感じます。山があって谷があるなら、差し引いてプラスマイナスゼロです。多少のつらいこと（谷）があったとしても、「きっとこの先にはいいこと（山）があるはず」と思えるから、人は踏ん張って苦境を耐えることができます。

ところが、私の半生を振り返ってみると、基本的にずっと谷底でした。谷底を這いつくばって、ようやく抜け出せたかなと思うと、すぐに次の谷が待ち受けています。

つまり、「谷あり、谷あり」です。一度も山がなかったとはいいません。しかし、「山あり、谷あり」の人生では山と谷が1つずつ交互に来るのに対し、私の場合、山が1つ来ると、そのあとに谷が5つくらい続き、いつまで経っても抜け出せないというような人生を歩んできました。

当時の自分の環境を恨んでいるわけではありません。幼い頃は、自分のスタート位置が周りより100メートル後ろであることも、やたらと谷が来ることも、「まぁ、こんなもんか」という程度に軽く考えていました。本格的に「歯医者を目指そう」と決めてからは、「うちにお金があればなあ」「頭が良ければなあ」と思ったことはあります。

しかし、そう思ったところで、もって生まれた環境が簡単に変わるわけはありません。そのようなときは決まって笑いが心の支えになってくれました。

大阪には、ボケたらツッコまなければならないという厳しいルールがあります。大人も子どもも「面白いやつが偉い」という暗黙のルールのなかで生きています。テレビをつければ新喜劇の劇団員の面々がずっこけているという笑いの刷り込み教育もあります。

このような環境で潜在的にも顕在的にも笑いのチカラが醸成されていき、マイナスをプラスに変え、谷から山に向かうことができたのです。

私は、笑いは3つの力で構成されていると考えています。その3つは、「笑うチカラ」「笑われるチカラ」「笑わせるチカラ」です。

①「笑うチカラ」が人と知見を呼び込む

目標達成の過程で壁にぶつかった場合、自分一人の視点やアイデアだけでは、壁を乗り越えるための糸口をなかなか見つけられない状況に陥りますが、人が集まるほど解決策が得られる可能性が上がり、目標達成に近づきやすくなります。

まずは「笑うチカラ」です。

いつもニコリともせず、愛想がなく、口を開いたかと思えば愚痴ばかりの人なんかと誰も一緒にいたいとは思いません。逆に、いつも笑顔で明るい人には、話し掛けたくなりますし、一緒にいると楽しい気分になれます。笑うチカラをもつ人は、周りに人が集まりやすくなります。人が集まるということは、その人の数だけ視点が増え、アイデアが増えるということです。

また、笑うチカラは支持者や応援者を引き寄せます。少し古い話ですが、ハリウッド俳優として活躍し、シュワちゃんの愛称で親しまれているアーノルド・シュワルツェネッガーが、カリフォルニアの州知事選挙に立候補したとき（2003年）の話を例に挙げます。

とある選挙演説会場に登場したシュワちゃんは、立候補に反対する聴衆の一人から生卵をぶつけられました。怒って当然の場面です。しかし、シュワちゃんは怒るどころか、卵を投げつけた人に向かって、「ベーコンも一緒によこせよな」と言い、笑いました。この切り返しがウケて、シュワちゃんの人気が高まり、見事に州知事に当選しました。笑いによって味方を増やし、支持者を増やし、「カリフォルニアからアメリカを変える」「世界を変える」という目標に大きく近づいたのです。

・目標に集中して取り組める

笑うチカラをもつ人は、目標に向かってまっすぐ進むこともできます。笑うことによってネガティブな感情を吹き飛ばし、常に前向きな思考で目標達成に取り組むことができるからです。

そもそも目標は簡単に達成できるものではありません。目標達成に取り組む過程では、能力、運、努力、環境などの面で壁にぶつかります。

私の例でいえば、

「歯医者になりたいが学力が足りない」

「学力を補いたいが塾に通うお金がない」

という状況になると思考や気持ちが後ろ向きになります。

嫉妬はその典型的なケースの一つです。

「あいつはええなあ……」「どうせ俺は……」

そんなふうに考えて、卑屈になったりふてくされたりして、「嫉妬の沼」に沈むのです。

しかし、嫉妬の沼から抜け出さない限り、目標には永遠に近づけません。他人を妬んだり、他人と自分を比較して落ち込んだりすると、余計な時間と労力を使います。一方、笑うチカラがある人は、不遇や苦境を笑い飛ばすことによって、ネガティブな感情をもつことなく、目標達成に集中して取り組むことができます。

つまり、笑うチカラは、嫉妬の沼を回避したり、沈んだとしても抜け出す力になったりするため、沼の中で浪費する時間や労力を目標達成のために使うことができます。そうすることで、目標を達成できる可能性が高くなり、達成するまでのスピードも早まるというわけです。

「いきなり笑えって言われても……」という人もいると思いますが、夢がある人は夢を叶えたときのこと、目標がある人は目標達成したときのことを思い浮かべればよいのです。

「歯医者になったら、きっとみんな驚くやろうなあ」

「自分の歯科医院をもてたら、どんなふうにしようかなあ」

想像が膨らめば膨らむほど、表情筋が緩み、気づけば一人でニヤニヤしてしまうものです。そのニヤニヤも笑いの一つです。

夢や目標がある人は、それを実現したあとの楽しい未来を思い浮かべることができます。もっと単純に、欲しいものを手に入れたときのことを考えてみるだけでもニヤニヤできるものです。楽しいことを想像したり妄想したりする習慣がある人ほど、いつでも自然と笑えるのです。

②「笑われるチカラ」で足りないものが見える

次に「笑われるチカラ」です。

笑われるチカラをもつ人は、自分の能力や状況を直視することができます。笑われている理由を冷静に考え、自分に何が足りないのかを把握することで、足りないものを補うために努力をすることができます。

誰かが自分を笑う場合、そこには「ズレ」が発生しています。ズレとは、普通とは違う状態であったり、常識はずれなことをしていたり、言っていることとやっていることが合致していなかったりするといったことです。

例えば、漫才ではボケ担当の人が一般常識と大きくズレた発想や行動をします。そのズレがおかしいと思うから見ている人が笑います。相方のツッコミ担当の人は訂正係です。お客さんと同じ常識ある人の立場から、ボケの人のズレた発想や行動を指摘するのが「なんでやねん」という言葉です。

我々が日常生活で笑うのも、ズレを認識するからです。想像していないことが起きたり、ハプニングが起きたりすると、「日常はこういうもの」という常識と、目の前で起きている「こんなことが起きるのか!?」という現実の間にズレが生まれ、それをおかしく感じるのです。

大きな目標を立てた人も同様で、現在の状態からズレが大きければ大きいほど、笑いのネタにされることがあるのです。

例えば、成績表オール1の人が東大を目指すとか、私のように団地住まいの貧乏な子が歯医者を目指すなどといったように、そこに常識的な目線から見たズレがあるから、人は笑うわけです。笑われている人の視点から見ると、自分に何かが足りていないことを、笑いを通じて誰かが教えてくれている、ととらえることができます。オール1で東大を目指す人には当然、学力が足りていません。それ以前に、勉強する意欲とか、勉強を教えてくれる人とか、勉強するための時間が足りていない場合もあります。「東大なんて無理」と笑う人は、そこを馬鹿にして笑っています。馬鹿にされると少し腹が立ちますが、とらえ方を変えれば、「今のままじゃ無理」「あれとこれが足りてへん」というズレを、笑うという行為によって教えてくれているわけです。

笑われるチカラがある人は、ズレを発見することができます。そう考えれば、笑われることは目標達成のアドバイスです。笑う人たちは、目標達成を手伝ってくれるアドバイザーです。学力が足りていないと分かれば勉強する、勉強を教えてくれる人がいないなら探す、というアクションを起こすきっかけを得られるのです。

・守るばかりでは前に進めない

笑われることに抵抗感をもつ人もいると思います。誰かが誰かを笑う場合、冷笑や嘲笑など、攻撃的な笑いもありますので、気分が良いものではないことも多く、プライドが傷つくこともあります。

それを避けるために、多くの人は、笑われないように細心の注意を払います。「笑われたら恥ずかしい」「かっこ悪い」「失敗したくない」と考えて、失敗したときの言い訳をあらかじめ考えたり、難易度が高い挑戦を避けたりします。笑われないように、あるいは、笑われても傷つかないように「自己愛の殻」のようなものをつくって自尊心を守ろうとするわけです。

その気持ちは分かります。私もかつては笑われることを過度に怖がっていました。しかし、今になって思うのは、それは目標達成にとって邪魔になるということです。人生を懸けて達成したい目標があるなら、失敗を覚悟のうえで挑まなければならないときがあります。目標が大きいほど、失敗にめげずに何度も再挑戦する必要があります。

笑われることを避けるか、それとも笑われても目標達成を目指すか……。この2つを天秤にかけてみれば、おそらくほとんどの人が目標達成をすることに重きをおくはずです。目標達成のためには、傷つく覚悟が必要なのです。

私が尊敬するアントニオ猪木さんの詩に『馬鹿になれ』という一編があります。「馬鹿になって恥をかくと本当の自分が見えるようになる」というものです。

笑いのチカラの観点から読み解くと、「馬鹿やなあ」と笑われて、恥をかける人が、大きなことを成し遂げられるということです。猪木さんの実績を見ると、新日本プロレスを立ち上げたり、政治の世界に進出してスポーツ平和党を立ち上げたり、大きな目標を掲げて、達成しています。賛否両論あるでしょうが、日本人の人質を救うために単身イラクに乗り込んだり、外交がない北朝鮮を訪れたり、普通の人なら「無理だろう」と思うようなことも、失敗を恐れることなく実行しています。

どうしてもやりたいことがあるのなら、人から笑われることなど気にしてはいけません。「無理やろ」「無茶やなあ」と周りに笑われることだからこそ、挑戦する価値が大きい目標なのです。

③「笑わせるチカラ」は人生設計に役立つ

３つ目は「笑わせるチカラ」です。

誰かを笑わせるためには、会話の流れ、場の雰囲気、相手の性格などを冷静に、かつ客観的、俯瞰的な視点で見極める必要があります。「このネタで笑わせよう」「こんな話の展開にしよう」といったシナリオを練る準備と、その場、そのときの状況に応じて、タイミングよく瞬発的かつ柔軟に面白いことを言う（する）ことも大事です。笑わせるチカラをもつ人は、このような能力に長けている人と言い換えられます。

この能力も目標達成に非常に役に立ちます。目標達成の取り組みは、成功に向かっていく長いシナリオです。いつ、どこで、どんな重要な勝負をするか想定し、準備ができている人ほど目標達成できる可能性が高くなります。

一方で、人生がシナリオどおりに進まないのも現実で、時々、予想外のことが起きます。そのようなときでも、笑わせるチカラをもつ人は、その場、そのときに必要なことが何かを考えて、目標達成のためにできること、やれることを実行できるのです。そして、笑わせるチカラをもつ人は、笑うチカラをもつ人以上に周りに人が集まります。

・すべての経験が財産になる

自分の過去を振り返れば、誰しもが楽しかったこと、うれしかったこと、失敗したこと、達成できたことなど、さまざまな経験があるはずです。自慢したいこと、怒っていること、悩み、コンプレックスなど、いろいろな思考と感情も蓄積されているはずです。その一つひとつが誰かを笑わせるネタになります。

楽しかった出来事を話せば、誰かが一緒に笑ってくれます。コンプレックスについて話せば、誰かが「そんなこと気にしてたんか」と笑い飛ばしてくれます。「笑わせるネタがない」「自分の人生は面白くない」と思っているとしたら、それは、せっかくもっているたくさんのネタを「自己否定の檻」に閉じ込めている状態です。

誰かを笑わせられるネタになるにもかかわらず、「面白くない」「笑えない」と自分で自分を過小評価し、多くのネタを眠らせてしまっているのです。これはもったいないことです。自己否定の檻にネタを閉じ込めることによって、人を集められる機会が減り、目標達成できる可能性が小さくなってしまうからです。

笑わせるチカラをもつ人は、良いことも悪いことも含めて、自分を丸ごと肯定します。失敗やコンプレックスなど、できれば知られたくないことも余すところなくさらけ出し、相手を笑わせて、自分も一緒に笑います。笑いを生業にしているお笑い芸人は、これをさらっとやってのけますが、そのなかでもこの能力に最も長けていると私が思うのは、明石家さんまさんです。

さんまさんが面白い理由は、頭の回転が速く、会話をタイミングよく切り返すことができるなど、話す技術がずば抜けて高いからです。しかし、笑わせるチカラの観点から考えると、相手が誰であろうと分け隔てなく、なんでもかんでもさらけ出すからだといえます。

普通の人は出っ歯をウリにはしません。歯科医目線で見ても、「出っ歯を引っ込めたい」

という人はいますが「出っ歯にしてくれ」という人には会ったことがありません。しかし、さんまさんは出っ歯を武器にします。それだけでなく、離婚のことも、バブル崩壊で多額の借金をしたことも、ありとあらゆることをネタにしています。

さんまさんの目標がテレビに出続けることであるとしたら、過去の失敗をさらけ出すことなど、なんてことありません。むしろ、自らあらゆることをさらけ出し、笑わせることにより、テレビに出続けるという目標を達成していると見ることができるのです。

窮屈な時代こそ「笑いのチカラ」を磨こう

これら3つの力「笑うチカラ」「笑われるチカラ」「笑わせるチカラ」は、いずれも人生を切り開くために必要不可欠なものです。

まず身につけたいのは、笑うチカラです。

笑う人のところには人が集まります。彼らが目標達成のヒントをくれますし、苦しいときには支えてくれます。また、笑うことで気持ちが前向きになります。他人を妬んだり、他人と自分を比べて恨めしく思う時間を減らすことができ、目標達成に向けて一直線に突き進めるようになります。

笑うチカラが身についたら、次は笑われるチカラです。

目標達成の観点から見れば、笑われることは恥ずかしいことではありません。目標達成のために必要なこと、足りないことを教えてくれる指摘です。その指摘を素直に受け入れることで、目標達成のためにやるべきことが分かります。

笑われるチカラを習得したら、最後に磨くべきは笑わせるチカラです。

3つの力のなかではこれが最も難しいのですが、無理ではありません。誰もが人を笑わせるネタをもっています。過去の失敗も、今考えていることも、これからやってみたいと思っていることも、自分のなかにある経験、感情、思考などが、すべて誰かを笑わせるネタになります。

この3つを、ホップ、ステップ、ジャンプの要領で身につけていくことで、目標達成までの距離が近づきますし、人生を切り開いていくことができるようになります。

目標が大きければ大きいほど、達成するまでの道のりは厳しくなるはずです。時には、高い壁にぶつかりますし、「谷あり、谷あり」の日々に辟易としたり、諦めようと思うこともあるかもしれません。

現在の社会環境も決して良いとはいえず、年功序列と終身雇用が守ってくれた時代とは違い、今は自己実現のために最大限の自助努力が求められます。国に頼ろうにも年金不安ですし、この書籍を執筆している2021年5月現在の社会はコロナ禍で他人のことまで構っていられないので、失敗すれば「自己責任です」と見捨てられます。

しかし、環境を憂いていても何も変わりません。環境は変えられませんが、自分の未来は自分の力で変えられます。そのために不可欠なのが、笑いのチカラです。「谷あり、谷あり」の状況からなんとか歯医者になれた私が言うのですから、間違いありません。

［第3章］

「笑うチカラ」
～苦境は笑い飛ばす～

運命の出会い

「めっちゃかっこええなあ」

1972年、小学1年生の時のことです。それは運命の出会いでした。

友達と一緒に学校から帰る途中、その姿が突然、目に飛び込んできました。輝いていて、一瞬で惚れました。吸い寄せられるように近寄り、気づいたらボディを撫でていました。

「こんな形なんや」

「思ったよりも大きいな」

友達とそんなことを話しながら、下からのぞいてみたり、中をのぞき込んだりを繰り返しました。私の心を奪った相手、それは紺色のフェラーリ・ベルリネッタ・ボクサー、通称BBでした。

当時、小学生の男の子たちを虜にしていたのはスーパーカーです。特に人気があったのが、ガルウイングのランボルギーニ・カウンタックです。ほかにも、ランボルギーニ・ミウラ、デ・トマソ・パンテーラ、ランチア・ストラトス、ポルシェ、ロータス・エスプリ、そしてフェラーリBBなど、名車を挙げればキリがありませんが、子どもたちにはそれぞれ好みのスーパーカーがありました。当然、大人でも買える人はごくわずかで、子どもたちにとっては夢のまた夢だったので、「スーパーカー消しゴム」が大流行し、子どもたちはこぞってコレクションしていました。

憧れのスーパーカーの一台が自分の目の前に止まっています。雑誌でしか見たことがなかったイタリアの名車を、まさか大阪の下町で見るとは夢にも思っていませんでした。

この日以来、学校に行くのが格段に楽しみになりました。好きな子がいると学校が楽しくなるのと同じように、登下校でフェラーリを見る（たまに触る）のが、なによりも楽しみになったわけです。この出来事は、私の未来を決める出来事でもありました。

一緒にフェラーリを見ていた友達が、

「歯医者さんて金持ちなんやな」と言います。

「なんで?」

と私が聞き返すと、友達は「だって、ほら……」と、歯科医院の看板を指差しました。

私は、フェラーリに夢中で気づかなかったのですが、そこは近所の歯科医院の駐車場だったのです。

「歯医者さんか……。歯医者になったらフェラーリに乗れるんや……」

そして、私は決心しました。

「よし、歯医者になろう」

なんとも単純過ぎる動機ですが、このときから約20年かけて、私は歯医者を目指すことになったのです。

笑うために重要な3つのポイント

歯医者になるという目標ができたことで、私の人生は変わり始めました。貧乏暮らしの日常は何一つ変わっていませんが、いつの日かフェラーリを乗り回す姿を妄想することで、自然と笑顔がこぼれるようになりました。

笑うと人は前向きになれます。目標達成では、これが大事です。どんなことであれ、「どうせ自分なんて……」「きっと無理だろう……」と、ふてくされて取り組むより、「やったるで」「見せたるで」と前向きに取り組むほうが良い成果が出るはずだからです。

また、生きていればそれなりにつらいことや苦しいことがあるものです。思いどおりにいかないこともありますし、失敗も多かれ少なかれ必ずあります。

「もうあかん」「これ以上は無理や」

目標に挑戦する過程では、そんなふうに考えてしまう場面が必ずやってきます。私自身、大学受験では二浪し、在学中は一年留年しました。それ以前にも、歯学部に行く学力が足らず、学力をつけるための塾に通うお金もなく、「歯医者は夢で終わるのか」と諦めかけそうになったことが何度もありました。

そんなときに助けてくれたのは周りの人たちです。そして、彼らを呼び寄せてくれたのも「笑い」です。「笑う門には福来る」といいますが、まさにそのとおりで笑顔でニコニコしている人のところには人が集まり、知恵、勇気、自信、元気など、目標達成に必要なものも自然と集まってくるのです。

笑うチカラは、いわば目標達成の基礎体力です。前向きに考える意識と、苦境にめげない抵抗力と免疫力をもたらしてくれるのです。

笑うチカラを身につけるために私が重要だと思うことは次の3つです。

1．他人と比べない

人はつい自分と他人を比べてしまいます。うまくいっていないときは「あいつはええなあ」「羨ましいなあ」「それに比べて自分は……」と考え、過度に落ち込んだり、自分を卑下してしまいます。こういう思考に陥るそもそもの原因は他人と比べるからです。その考えを捨てることで、嫉妬や自己憐憫の気持ちが消えます。

2．感謝する

「ありがとう」と言われるのは誰でも素直にうれしいものです。一方で、自分から「ありがとう」と相手に感謝を述べるときも、同じくらいうれしい気持ちになります。笑うためには気持ちが満たされていることが大事です。自分に何が与えられ、自分が何をもっているかを認識することで、感謝の気持ちが生まれ、笑顔になります。

3．目標に向けて一歩を踏み出す

未来の楽しいことや目標を達成した自分の姿を妄想すると、思わずニヤけてしまうことがあります。

「歯医者になったら、きっとみんな驚くやろなあ」

当時の私もそんなことを妄想し、自然と顔がニヤけました。

ただ、ニヤニヤするだけでも笑いの効果はあるのですが、目標達成に近づいている実感があると、さらに気分が良くなり、笑えるようになります。そのためにも、小さなことでもいいので行動を起こし、積み重ねていくことが大事です。

人を妬む気持ちを消す

1つ目に挙げた「他人と比べない」という思考を、私は母から学びました。学んだというより、刷り込まれたといったほうが正確かもしれません。事あるごとに、母に「よそはよそ、うちはうち」と言われて育ったため、その繰り返しによって人と比較する思考が薄れていったのです。

私の家が貧乏であることは幼い頃から分かっていました。ただ、そうはいっても子どもです。2Kの風呂なしの団地だったので、銭湯通いが日課でしたが、そこで友達がコーヒー牛乳を飲んでいれば、自分も飲みたいと思います。しかし「よそはよそ、うちはうち」です。

「オカン、俺もコーヒー牛乳飲みたい。買《こ》うて」

風呂上がりに母親に頼みますが、答えは決まって「アカン」です。

「家に帰ったら麦茶があるやろ」

と一喝されます。

友達が「新しいおもちゃを買ってもらった」と自慢すれば、自分も欲しいと思います。

「オカン、みんなこのおもちゃもっててんねん」

そう言っておねだりすると、答えはもちろん「アカン」です。

「みんな、とちゃうやろ」

と言います。

「みんな」がもっているわけではない。もっていない人もいる。だから、買わない。この理屈でピシャリ、です。

そう言われてしまうと、私はそれ以上何も言えません。確かに、みんながもっているわけではなく、クラスの何人かがもっているだけで、もっていないのは私だけではないからです。

こういうやりとりを日常的に繰り返していくと、あらゆる事柄において、友達と自分を比べることが少なくなっていきます。誰かを羨ましく思う気持ちや自分の境遇を恨む気持ちは、誰かと自分を比べることから生まれます。それがなくなっていくことで、やっかみが消え、妬む気持ちが消え、自分の不遇を恨むこともなくなっていったのです。これは今思えば、笑うチカラの下地づくりでした。

人は2つの感情を同時にもつことができません。笑って楽しい気分になるためには、まずは妬んだり卑屈になったりする気持ちと、そのようなネガティブな気持ちを生み出す、人と比較してしまう思考を変える必要があります。

私は、母からの日常的な「よそはよそ、うちはうち」の刷り込みにより、友達を羨んだり、自分の境遇を卑屈に感じることがなくなりました。結果、楽しいことを「楽しい」と感じたときに、素直に笑えるようになったというわけです。

また「よそはよそ、うちはうち」という刷り込みは、突き詰めていえば、自分のことに集中しなさいという教えだったとも思います。その教えがやがて、人と比べることなんてせずに、「歯医者になる」という自分の目標を大切にして、自分のことだけに集中して取り組んでいくことにもつながっていくのです。

貧乏が当たり前だった少年時代

「うちは貧乏なんやな」と感じ取ったのは、保育園の頃です。5歳のときに、保育園に持って行く月謝袋が周りの友達と違ったのです。みんなの月謝袋は茶色。私と、母子家庭の女の子は青。その頃の我が家は父が入院していたこともあって、おそらく家計が厳しい人向けの補助を受けていたのだと思います。

そのことに気がついた保護者のお母さんたちが、私のほうを横目で見ながらヒソヒソ話をしているのが分かりました。何を話しているかは分かりませんが、良からぬ話のネタにされているのだろうということくらいは子どもでも分かります。その雰囲気を感じ取って、「うちはよそとはなんか違うんや」「貧乏なんやろうなあ」と察したのです。

ショックを受けたわけではありません。「貧乏でも別にええやん」そんな感覚でした。ただ、みんなと同じ環境で暮らしているわけではないということを、このときに理解したのです。

貧乏暮らしは小学校になってからも変わることはありません。

例えば鉛筆は、ある程度まで短くなると鉛筆削りに詰まって、取り出せなくなってしまいます。普通はそこで捨てるかもしれませんが、我が家ではそこからさらにカッターで削って使います。ノートももったいないので、チラシの裏か、ザラバンシ（関東などではわら半紙と呼ぶようですね）を使います。ゲームやおもちゃは買ってもらえず、家にはありませんでした。

何をして遊ぶかというと、外で遊びます。当時は空き地が多かったので、そこで団地の子たちを中心に鬼ごっこや探偵ごっこをするのです。ただ、夕暮れになるとみんな家に帰って行きます。

「タカシ、帰っといで」

「ヒロシ、そろそろごはんやで」

友達の母親の声が聞こえ、1人減り、2人減り、やがて鬼ごっこができない人数になり、最後に私が残ります。1人になったら遊べないので、仕方なく家に帰ります。

家では、父がいれば、父と話すこともありますが、夜勤に備えて寝ていたり、療養のために寝ていることが多かったと記憶しています。そのようなときは、ちゃぶ台でザラバンシに絵を描いたりしながら、パートに出ている母親が帰って来るのを待ちます。夜6時くらいになって母親が帰って来たら、「おかえり」と出迎えて、それからごはんを食べ、銭湯に行き、8時には寝ます。小学生の頃は、このような日々の繰り返しでした。

中学生になるともう少し寝る時間が遅くなりますが、娯楽がなく、起きていても暇だったので、9時には寝ていました。寝る子は育つといいますが、おかげで病弱な父とは正反対で、ずっと健康優良児でした。

「やることがなくて暇を持て余すなら、もう少し勉強しておけばよかった……」
そう後悔するのはだいぶあとのことです。

憧れた「新・三種の神器」

我が家がどっぷりと貧乏生活に浸かっていた一方で、世の中は景気が上向いていました。私が生まれたのは1965年で、日本は高度経済成長期の真っただなかでした。その前年には東京オリンピック、1965年からの5年間は「いざなぎ景気」があり、この頃に日本はアメリカに次ぐ世界第2位の経済大国になりました。大阪では、1970年に大阪万博が開催され、当時の史上最高となる6000万人超の人が集まりました。その前後では鉄道や高速道路も整備され、街全体が活気づいていました。

私が生まれる少し前、1950年代後半から各家庭では、「三種の神器」が普及します。三種の神器は、白黒テレビ、洗濯機、冷蔵庫の3つのことで、これらは我が家にもありました。

その後、私が生まれた1960年代半ばから普及し始めたのが「新・三種の神器」です。

新・三種の神器は、東京オリンピックを機に売れ始めたカラーテレビと、マイホームをもつ人の増加とともに売れたクーラーと自動車です。ちなみにこの3つは英語で書くといずれもCで始まる（Color television, Cooler, Car）ことから、3Cとも呼ばれていました。

このような状況からも分かるように、モノがない時代から物質的に満たされる時代に急速に変わっていったのが、1960年代から1970年代にかけてです。あちこちが好景気で、一軒家に住む友達からも「クーラーを買った」「車を買った」といった話をよく聞きました。

ところが、好景気はどこ吹く風なのか、我が家は完全に取り残されていました。小学生当時、うちには3Cは1つもありませんでした。

モノがなく、モノを買うお金もなく、モノを買えたとしても、2Kの4人暮らしでは置くスペースがないという状況です。最近では「モノ消費からコト消費」といわれ、物質的な満足より精神的な満足が重視されています。しかし、我が家は当時から精神的な満足のみです。断捨離する必要もなく、モノに依存しないミニマムな暮らしを50年前から実践していました。

経済発展に取り残された家

我が家が貧乏だった理由は、父が病弱だったためです。タクシーの運転手は景気が良いときが稼ぎ時ですが、父は酒好きが原因で肝臓を患っていたため、思うように働けない状態でした。

世の中の会社員の給料（平均）は、1960年の2万円台から1970年には6万円弱、1980年には20万円弱と、当時の総理大臣であった池田勇人氏が宣言したとおりに倍増していきます。

しかし、我が家の収入は「固定給」だったようで、生活レベルはいっこうに上がりませんでした。細かなことは分かりませんが、収入は月に数万円だったようです。

そんな父を最初に見た記憶があるのは、5歳のときでした。誤解のないように書いておくと、新しくできたお父さん……ではなく、私の父は生物学的にも法律的にも紛れもなく私の父です。ただ、私が生まれてすぐに病気が悪化し、病院で療養することになりました。

そのため、生まれたときには会っているはずですが、記憶がありません。それから5年間は会うことも一緒に暮らすこともなかったため、「この人がお父さんなんや」と理解したのは5歳のときだったのです。

友達の家に遊びに行くと、友達の父親がいます。休みの日などは「よう来たな」と声を掛けてくれます。

「うちには、こういう人はおらんなあ……」

そう感じることはたびたびありました。しかし、母親に「なんで、うちにはお父さんおらんの?」と聞く勇気はありませんでした。父のことは聞かない、それが3人暮らしだった頃の安積家では暗黙の了解でした。

小学生の頃にもった歯医者になる目標を、高校生まで両親に言わなかったことも含めて、幼い頃の私はいろいろと気を回して生きていたのかもしれません。今風にいえば「空気を読む」という行動を子どもながらにしていたように思います。

しかし、貧乏であることを除けば、母も姉もいつもニコニコしていましたし、日常生活で特別不便なこともありませんでした。それなら自分も楽しく毎日を過ごそう。細かなことより楽しいことを探して暮らそう。そんなふうに考えるようになっていったのです。

絶対権力をもつスパルタの父

私の父は昭和一桁生まれの世代で、小中学校のときに戦争を経験していました。自称、小卒です。「中学の頃は工場で働かされていたから、学校に通った記憶はないなあ」いつだったか、そんなことを言っていました。

お酒を飲み過ぎたことが原因で、40歳くらいのときにはすでに肝臓を患っていましたが、それでもお酒をやめることはなく、飲み始めると止まらない癖の悪さも治らず、酔っ払ってくだを巻くことが日常茶飯事でした。

若い人にはなじみが薄いかもしれませんが、『巨人の星』の星一徹のような父です。いまいちピンとこない人は、スパルタ教育という言葉がイメージしやすいかもしれません。

我が家においては、あらゆることが根性論でした。父親が絶対的な権力者で、しつけとしての暴力は当たり前で、怠けたらビンタ、生意気なことを言ったらビンタ、父の機嫌を損ねたらビンタです。

特に父は食べ物がなかった戦争を経験していますから、食事のマナーにはとても厳しい人でした。実際、父が食事を残したのを見たことがありません。茶碗の米粒も、すべて残さずに食べ切ります。その方針は家族にも強制的に適用されますので、残さないのは当たり前です。好き嫌いを言わないことや、食べ物への感謝を忘れないのがルールで、どちらか一つでも守れなければビンタが飛んできます。ＤＶや虐待が問題視される今では考えられないことかもしれません。

しかし、時代の変化は面白いもので、今では大バッシングを受けるスパルタ教育や体罰も、１９７０年代の家庭教育ではそれほど珍しいことではなかったのです。

ちなみに父には弟がいます。私の叔父です。叔父は教員で、安積家の親族で唯一の大卒でした。そして、勉強をし、教員になっていますから、あらゆる面で父と考え方が違います。怒るときやしつけで叱るときも、暴力ではなく言葉です。根性論ではなく理論です。それなりにお金もありました。

決して口に出すことはありませんでしたが、「オカンが叔父さんと結婚していたらなあ」と子どもながらに思ったことも何度かありました。

笑顔で働き続けた母

一方、母は家族のために自分のことを犠牲にしてずっと働いている人でした。父が十分に働けないので、母が家計を支えなければなりません。日々の生活費のみならず、父の医療費もかかります。そのお金を稼ぐために、スーパーマーケットで品出しのパートをしたり、役所で事務のパートをしたり、私の記憶にある限り、とにかくずっと働いていました。そのうえで、家事と子育てです。私が5歳のときに父が戻って来るまでは母子家庭と同じ状況でしたから、何から何まで母一人で行っていました。

父が戻って来てからもお金は常に必要でしたし、父の食事を用意する手間などが増えたため、相変わらずの忙しさでした。ただ、疲れている表情は一つも見せません。化粧もせず、髪もぼさぼさなのですが、いつも明るく振る舞っていました。

母も昭和一桁代生まれで、戦争を経験しています。そのため、食べ物を粗末にしないという点では父と同じくらい厳しく、あらゆるものを大切にしました。倹約と節約も徹底していました。お金を大事にするのは、お金がないことも理由の一つですが、お金を稼ぐ大変さを知っていたからかもしれません。

あとで知るのですが、母はこの頃から、少ない稼ぎをどうにかやりくりして、少しずつお金を貯めていました。私が歯科医院を開業するとき、資金の一部としてそのお金を貸してくれました。母自身も欲しいものの一つぐらいあったはずですが、贅沢するところを見たことがありません。

私が歯医者として独立し、どうにか稼げるようになってからは、「母にいつか何か買ってあげたい」と思っていました。せめて団地住まいから一戸建てに住ませてあげたいとも思っていました。しかし、結局それが叶わないまま母は他界してしまいました。親孝行したいときに親はなし、という言葉のとおりです。

文句を言う前に感謝

笑うチカラを身につけるために重要な2つ目の要素は「感謝する」ことです。これも日々の生活のなかで刷り込まれた我が家の教えの一つです。そもそも我が家はモノがなく、お金もありませんから、子どもだった私の欲求は、基本的に満たされていませんでした。

「欲しいなあ」「あったらええな」と思うものはたくさんありました。

例えば、食事です。私が子どもの頃は、ハンバーグ、グラタン、オムライスなどなど、おいしくておしゃれな料理が世の中に広まっていった時代です。一方、我が家は2日に1回のペースでカレーライス、3日に1回のペースでお好み焼きでしたから、それらをすっかり食べ飽きた私は「あれが食べたい」「これが食べたい」と言い出すわけです。

そういうときは、星一徹……ではなく、父の登場です。ちゃぶ台は、ひっくり返さないまでも、

「誰のおかげで飯が食えてると思てんねん」

と怒声が飛びます。このように言われれば、黙るしかありません。黙るしかなかったのは、下手に反論してビンタが飛んでくるのが怖いからではなく（多少はそれもありましたけど）、実際の話、今こうして食事ができているのは、父のおかげであり、母のおかげです。そう考えると、自分は文句を言う立場ではないと分かるからです。

父は「自分に感謝しろ」という意味で「誰のおかげや」と言っていたのではありません。目の前に料理があることや、家族で仲良く食事ができていることに感謝する大切さを伝え

ていました。

今は裕福な時代ですから、1日3食、温かくておいしいものが食べられます。和食も洋食も、あらゆる料理が食べられます。しかし、それは当たり前のことではありません。温かくておいしい料理は、誰かが育てた食材を、誰かが調理したものです。その料理は誰かが稼いだお金で買ったものかもしれませんし、買うお金を稼げたのは仕事があったからですし、そもそも健康でなければおいしく食べることはできません。

食事に対して、リクエストをしたり文句を言ったりする前に、まずは目の前の食事に、食材を作ってくれた人に、今日も食べられることに、食べさせてくれている人に感謝するのが先だろう、ということを父は伝えたかったのだと思います。父は体を壊していましたから、もしかしたら普通の人以上に、家族と生活ができること、普通に食べられることに感謝していたのかもしれません。

そのようなことを考えると、目の前の料理を悪く言うことはできません。たとえ食べ飽きているカレーライスだったとしても、ありがたい、おいしく頂かないといけない、という気持ちになっていくのです。不思議なもので、さっきまで「また今日もカレーか……」と思っていたとしても、感謝しながら食べるとおいしく感じます。おいしく感じると自然と笑顔になります。

これは食べ物に限ったことではなく、お金や能力、人や運などあらゆることについて同じことがいえると思います。あれが欲しい、これが欲しいと言い出したらキリがありません。何を手に入れても「もっと良いものが欲しい」と考えてしまい、満たされない状態が永遠に続きます。この無限ループから抜け出す方法が、目の前にあるものに感謝することです。ないものではなく、あるものに目線を変えるだけで、意識が変わり、感じ方が変わり、笑顔になれるのです。

病気の友達から学んだこと

今、目の前にあるものに感謝する重要性を学んだという点で、大きく影響を受けた人がもう1人います。小学5年生のときのクラスメートです。彼はデュシェンヌ型筋ジストロフィー症という病気にかかっていました。この病気は、筋肉の機能に必要なタンパク質の遺伝子が変異し、筋力の壊死や運動機能の低下などをもたらす難病です。

彼は、5年生のときはどうにか自力で歩くことができていましたが、6年生の修学旅行の頃には車椅子に乗るようになり、日に日に筋力が衰えていくのが分かりました。それでも彼は、私を含む団地の子どもたちの輪に入って一緒に遊んでいました。

ボール遊びや鬼ごっこなどは難しいですが、一緒にできる遊びはいくつもあります。一緒に遊んでいたのは、彼を気遣っていたからではありません。同情していたからでもありません。彼がいつも笑顔だったから、自然と友達が集まってきたのです。

彼と遊んでいるときに、たまに「きっと自分で歩きたいやろなあ」「俺らと同じように走り回りたいやろなあ」と思ったことはあります。実際のところ、病気と戦わなければならない毎日のなかで、「なんで自分が……」「なんで自分だけが……」と思ったこともたくさんあっただろうと思います。しかし、彼が弱音や愚痴をこぼすことはありませんでした。むしろ私や友達よりも明るく笑っていました。今思えばですが、たとえ筋力が衰えていても、いずれ歩けなくなるとしても、みんなで一緒に遊べていることに感謝していたから、その日、そのときを笑って過ごせたのだと思います。

当時の私は、まだ貧乏であることに多少のコンプレックスがありました。しかし、彼と一緒に楽しく遊んでいるうちに、「貧乏だろうがなんだろうが、別にどうでもええか」と思うようになりました。ないものねだりしがちな貧乏暮らしのなかで、ないものよりもあるものに目が向くように変わったのも、幼い頃からの刷り込みもありますが、彼と一緒に遊ぶようになったことが大きく影響していると思います。

真の貧しさは、お金がないことではありません。手元にある幸せや、目の前の幸せに感謝する気持ちをもてないことが貧しさです。彼と出会い、私のなかの貧しさの定義が変わりました。

世の中の人が抱えている悩みも、もしかしたら当人が思うほど大きな悩みではないのかもしれません。お金の話に限らず、太っている、ニキビが多い、毛深い、運動神経が鈍いなど、悩みはいろいろとあるものです。しかし、それが当人にとっては大きな悩みだったとしても、命まで取られることはありません。

彼ならきっと、太っていて、ニキビが多くて、毛深くて、運動神経が鈍くてもいいから、自分で歩きたいと思っていたはずです。長生きしたいと思っていたはずです。当時、平均寿命30歳が限界といわれていましたが、彼は、49歳まで生き抜きました。決して長い人生ではありませんが、想定以上に生き抜けたのは、笑いのチカラが働いたからであり、その根底に笑いを生み出す感謝の気持ちがあったからだと私は思うのです。

欲しいものは自分でつかみ取る

笑うチカラを身につけるために大事なポイントの3つ目は、「目標に向けて一歩を踏み出す」ことです。

これも父の「誰のおかげや」がヒントになっています。「誰のおかげや」と問い掛けてきた父は、自分が欲しいものは誰かに与えてもらうのではなく、自分でつかみ取りなさいと教えていたのだと感じます。

中学2年生のとき、私は新聞配達のアルバイトを始めました。理由は、自転車が欲しかったからです。友達は良い自転車に乗り、「新しい自転車買ってん」と自慢します。自慢することはいいことです。うれしいときはたくさん笑うのが正解です。ただ、そういう自慢話を聞くたびに、それは「買った」ものではなく「親に買ってもらった」ものだといつも思っていました。

お金持ちの家に生まれていれば、私もきっと自転車を買ってもらえたことでしょう。しかし、私の家は貧乏ですからそれは望めません。お小遣いを貯めて買うという選択肢がよその家にはあったでしょうが、私はごくわずかな額のお小遣いしかもらっていませんでした。ならば、残された方法は「自分で稼いで買う」です。そう考え、「アルバイトしたい」と父に伝えると、父は一言「三日坊主になるな」とだけ言いました。父が反対しなかったのも、自分が欲しいものをつかみ取ろうとしている私を応援してくれていたことの表れだと思います。

今は生活水準が上がり、豊かに暮らしている家庭が多いですし、学業優先で考える人が多いでしょうから、中学生でアルバイトをしようと考える人は皆無に等しいと思います。しかし、私はどうしても自転車を買いたかったため、近所の新聞配達の店に行き「働かせてください」と頼みました。その新聞配達店では、ちょうど前任者がやめたばかりで人が足りていないタイミングでした。

「明日から来られる?」

「はい。大丈夫です」

「ほんなら、5時においで」

「分かりました」

そんな簡単なやりとりのあと、すぐに採用が決まり、翌日からアルバイトがスタートしました。時給制なのか、歩合制なのかも決めずに二つ返事でした。

目標達成の予行演習

朝5時に起床して新聞配達店に行き、朝刊の束を自転車に積んで団地を回ります。勤務時間は6時までで、その間に150軒の家に新聞を配ります。団地の数は、20棟ほど。各団地を5階まで上がり、玄関のポストに新聞を入れていきます。終われば帰宅し、早めの朝ごはんを食べて、それから学校へ行って勉強し、夕方は部活です。家に帰ると夕方の6時くらいで、そこから食事をして、銭湯に行きます。7時から2時間でテレビを観たり、学校の宿題をしたり、終わったらすぐに寝て、翌朝、再び5時に起きるという生活です。それなりに忙しく、中学生といえども、体力的にはつらい日々でした。

しかし、自転車を買うという目標に近づけていることが楽しく、体を動かすことで努力している実感が湧きました。光が強くなるほど影が濃くなるように、アルバイトがつらいほど、自転車を買うという目標の価値が強く感じられるようになり、苦労はしましたが、笑いながら取り組めるようになっていったのです。

目標という点では、フェラーリとの出会い以来、私は心の奥底で歯医者になるという目標を温め続けていました。ただ、どうすれば歯医者になれるかは分からず、その道のりは曖昧です。目標と呼ぶにはぼんやりしていて抽象的だったのです。

一方、このとき、自転車を買うという目標は明確で具体的でした。近所の自転車店を見て、買う自転車も決めていました。6段変速のギア付きで、ドロップハンドルの自転車です。値段は1万5000円くらいだったと記憶しています。その店で売っている自転車のなかでもかなり高価なものです。この自転車を手に入れたら、友達が「おお、すげえ」と感嘆し「ちょっと乗せて」と懇願してくる様子が目に浮かびました。

「ちょっとバイトしてな、お金が貯まったから買おうかなと思ってな」

そんなふうにスカして見せる自分の姿もはっきりと想像できました。こうなるとニヤニヤが止まりません。目標をもつことも大事ですが、目標に向かって努力していることや、目標に近づいている実感が大事なのです。

楽しいから頑張れる

そんな充実感に浸りながら、新聞配達のアルバイトを始めて1カ月後、私は初めて給料をもらいました。金額は2万円でした。生まれて初めて自分で稼いだお金で、このときまでに私が目にしたことがあるお金の最高金額でした。給料をもらった日、私はそのお金を握りしめて家に帰りました。

「オカン、これバイト代。預かっといて」

そう言って2万円を母に渡しました。2万円もあれば、すぐにでも欲しかった自転車を買うことができます。目標を達成したので、ここでアルバイトをやめるという選択肢もありますが、せっかく稼ぐ機会をもらいました。配る家、配る順番、配り方を教えてくれた手間などを考えると、もう自転車が買えるからといって1カ月でやめるのは、雇ってくれた新聞配達店に悪いような気もしました。

なにより、私はこのときに自転車が余裕で買える2万円を得た喜びよりも、自分が欲しいものを自分でつかみ取る楽しさを感じました。目標を達成するまでのプロセスは苦しいけれど、目標をもち、自力で一歩踏み出す楽しさがあるからこそ苦しくても続けられるのです。

その後、新聞配達は1年続けることになりました。欲しかった自転車を買ったのは、アルバイトを始めて数カ月後のことです。ピカピカの自転車にまたがり、友達とよく遊んでいたいつもの公園にさっそうと登場します。友達は案の定、いや期待以上に驚いてくれました。最高級の自転車を買ったこともさることながら、密かにバイトをしていたこと、自分で稼いだお金で買ったことへの驚きも大きかったのだと思います。

「あいちゅん（私のあだ名）、バイトしてたん!?」

「知らんかった!!」

「すげえなあ」

友達にそう言われて「そうでもないで」と、さりげなく自慢します。「さりげなく」を意識していましたが、友達の反応を見て喜びが溢れ出し、ニヤニヤが止まらず、満面の笑みになっていました。父には「頑張ったな」と褒められ、母にも姉にも「頑張ったやん」と労ってもらい、このときの満足感は、今も思い出すだけで笑みがこぼれてしまうくらいです。

もしお金持ちの家に生まれていたら、アルバイト、まして早朝から新聞配達をすることはなく、この喜びを実感できなかったと思います。そう考えれば、貧乏だったことにも感謝の気持ちが湧いてきます。人生の目標という点においても、「バイトを頑張って自転車を買う」ことは、「歯医者になってフェラーリを買う」という大きな目標の予行演習になったとも思っています。

もし我が家が裕福だったら、もし私が貧乏生活にふてくされ、友達を羨ましがるだけの毎日を送っていたら、自分で稼ごうと思い立たなかったら、新聞配達店が雇ってくれなかったら……。どれか一つでも違っていたら、私は歯医者になれなかっただろうと思います。

以上が、私が貧乏暮らしを通じて見いだした「笑うチカラ」の身につけ方です。私の場合は貧乏が試練でしたが、自分は不幸だ、恵まれていないと感じるような苦境はほかにもいくつもあります。

家庭環境、病気、人間関係、容姿の良し悪しなどで、誰かを羨ましく思ったり、自分の不遇を呪いたくなるときもあります。しかし、不遇だからこそ身につけられることもあります。「あいつはええなあ」「なんで俺は……」とネガティブな気持ちになりかけたら、それは他人と自分を比べているということです。

しかし、「よそはよそ、うちはうち」です。そう割り切れば、境遇という不可抗力を素直に受け入れられるようになります。自分がおかれている状況を受け入れることができたら、ないものではなく、あるものに目を向けるのです。たとえ、欲しいものが手に入らなくても、目の前には手に入れられたものがあるはずです。モノがないなら、コトです。視点を変えてみることで、楽しいこと、うれしいこと、面白いことが身の回りにあると気づくのです。

仮にそれすら見当たらなかったとしても、目標はあるはずです。夢もあるはずです。何か一つあるだけで、人生は楽しくなります。目標を達成したときのこと、夢を叶えたときのことを想像して楽しい気持ちになれますし、そのための一歩を踏み出すことで、目標や夢に近づいていることを実感でき、心の底から笑えるようになります。目標があれば笑えますし、笑えば目標を達成しやすくなります。この2つは相互に作用するものなのです。

［第4章］

「笑われるチカラ」～人に笑われる目標ほど価値がある～

10年越しの告白

「歯科医を目指したいと思っています」

そう打ち明けたのは高校2年の3学期でした。担任の先生と母を交えた進路相談の三者面談。目の前には先生、隣には母が座っていました。

「歯科医？」

先生が驚いて聞き直します。それもそのはずです。この日のこの瞬間まで、歯科医の歯の字も出したことがなかったのです。先生は書類をめくり、私の成績を確認しました。そして「歯科医かあ。うーむ……」と唸ると、黙り込んでしまいました。突然の告白に驚いたのは母も同じです。

（歯科医？　司会？　この子は何を言うてるんやろか……）

先生も母も突拍子もなく、「子どもじみた夢」と思ったかもしれません。実際、子どものときから抱き続けてきた夢ですから、動機も子どもじみています。小学校の帰り道にフェラーリを見掛けて、歯医者になろうと決めてから10年が経っていました。

右頬に、隣に座る母の視線を感じました。困惑している姿が容易に想像できました。しかし、私はどういう表情をすればいいのか分かりませんでした。

ついに夢を打ち明けてしまい、自らの発言によってこれから起こる状況を想像し、軽いパニックになってしまいました。ただじっと前を見つめていることしかできませんでした。

面談を終え、どうやって母と家に帰ったのかはほとんど覚えていません。とにかくドキドキしていました。家に戻れば、父にも歯医者になりたいと伝えなければなりません。なんて言えばええんやろ……、父はなんと言うやろうか……。父との会話をシミュレーションしてみますが、良い案が浮かばないまま家に着くと、不運なことに、その日、普段はその時間帯にいない父が家にいました。

仕方なく、面談のことを話し、フェラーリが夢のきっかけだったことは隠して、小学校の頃から歯医者になりたいと思っていたことを伝えました。

「歯医者か……」

そう言うと、父はしばらく考え込みました。そして、想像していたよりもずっと軽いトーンで、「ええんちゃうか」と言ったのです。

「え？」

「小さい頃からの夢なんやろ？　せやったら、目指したらええやん」

「ええの？」

「ええも悪いも、お前の人生やん。夢叶えたいんやろ？」

「うん」

「そしたら、チャンスを活かさんかい」

「うん。頑張るわ」

そんな会話があって、この日を境に、私は正式に歯医者を目指すことになったのです。

「笑われるチカラ」が身につく3つのポイント

夢を打ち明けたことで、私は少し心が軽くなりました。同時に、このときから「お前が歯医者なんて」と笑われるのではないか、笑われるのは嫌だなという恐怖も膨れ上がっていきました。誰かに笑われるということは、自分に何かが足りていないということです。

「お前には無理や。だって、これが足りひんから」

「それは無謀な挑戦やで。だって、あれができてないやん」

そういう指摘を、笑いを通じて受けているということです。指摘を素直に受け止めれば、自分に足りていないあれこれが分かります。素直に受け入れることで、足りない何かを補うことができます。

しかし、当時の私のように、笑われることに抵抗感をもつ人もいます。「かっこ悪い」「恥ずかしい」「腹が立つ」などと思ってしまうタイプの人です。

そういう人に知ってほしいのは、「笑われたくない」と考え、周囲の声を遮断してしまうことにより、目標達成に必要なことが見えなくなり、目標達成が遠のいたり、実現できなくなってしまう可能性があるということです。

それを避けるために必要なのが、笑われるチカラです。つまり、笑われるチカラは、「笑われたくない」という見栄やプライドを捨てる勇気であり、その結果、目標達成の道筋が見いだせるようになるのです。笑われるチカラを身につけるために重要なことは以下の3つです。

1．逃げ道を捨てる

「失敗したらかっこ悪い」「笑われるのは嫌だ」という不安から、人はつい先回りして言い訳を考えてしまいます。失敗したときを想定して逃げ道をつくっておこうと考えます。これは目標達成の妨げになります。言い訳や逃げ道を考えるために無駄な時間と労力を使いますし、「失敗しても逃げられる」という気持ちが生まれ、１００％の力を出し切れなくなってしまうからです。

2．素直になる

笑われるということは、何かが足りないということです。それがなんなのかを突き止めるためには、笑われたことにふてくされず、素直に「なんで笑われたんやろう」「何が足りひんのやろう」と考えることが重要です。笑われることが批判ではなく、指摘なのだと考えることにより、笑われるチカラが向上します。

3．本気になる

自分に何が足りないか分かれば、あとは本気になるだけです。本気で打ち込むと、周りの批判的な声など気にならなくなります。言い換えると、「笑われているかもしれない」などと気になる状態は、まだ本気になり切れていないということです。

目標の公言を恐れてはいけない

ところで、偉そうに3つのポイントを挙げましたが、私は笑われることにずっと抵抗感をもっていました。そのせいで歯医者になる道を遠回りすることになりました。

まずは「逃げ道」を捨てるまでに時間がかかりました。三者面談により、私は半ば強制的に歯医者になる目標を公言することになりました。正直に言って、先生や母はともかく、父には反対されると覚悟していましたが、こんなに簡単に話せるなら、もっと早く打ち明ければよかったと思いました。

私が10年にわたって歯医者になる目標を公言しなかった理由は、2つありました。

1つはお金の問題です。歯医者になるためには歯学部のある大学に進学する必要があります。ほかの学部に比べると、進学のための費用は多くかかります。国公立の歯学部でも、入学金と6年間の学費を合わせて約430万円、私立の歯学部では、国公立の10倍の約4160万円が必要になります。我が家が貧乏であることはとうの昔に分かっていましたので、お金の面で親に負担を掛けたくないという思いがありました。

我が家は貧乏ながらも、楽しく、慎ましく暮らしていました。そういう和やかな日常に、安易にお金の話を持ち込んではいけないのではないか、という不安もありました。お金の話をすることで、空気が凍りつくのではないかという遠慮もあって、歯医者になる目標はこの日まで家族に言わなかったのです。もちろん、打ち明けたからといってお金の問題が解決するわけでもありません。

「チャンスを活かさんかい」

父にそう言われて、お金はどうするのかと、こっちが心配になってしまったほどです。

歯医者になる目標を公言しなかったもう1つの理由は、歯医者になる目標を否定されることが怖かったからです。

「お前が歯医者になれるわけないやん」「現実を見いや」

そんなふうに言われることが怖かったのです。実際には、父も母も歯医者になる夢を否定しませんでした。否定するどころか、応援してくれる強い味方になってくれました。もっと早く話していれば、相談できることもたくさんあっただろうと思います。

また、当時の自分の心境についてよく考えてみると、自分自身ですら、心のどこかで「歯医者になれるわけがない」と思っていたのかもしれません。お金も足りませんが、学力も足りません。学力が原因で歯医者になれなかったときのことを考えて、「しょうがない。うちは貧乏やから最初から無理やったんや」と考えられるようにするための逃げ道をつくっていたということです。

最大の問題は学力不足

歯医者になる目標を公言したことで、大きな課題が浮き彫りになりました。お金ももちろんですが、まずは歯学部に合格するための学力です。私が通っていた高校は地域でも名が通っている進学校です。卒業生は、京都大学への進学者数が多く、各界の著名人も多数輩出しています。明石家さんまさんがCM出演して話題となった「ポケトーク」を開発した株式会社ソースネクストの松田憲幸会長は私の高校2年生のときのクラスメートです。

私より少し後輩ですが、大阪府知事・大阪市長を歴任された橋下 徹さんや元ＮＨＫアナウンサーの有働由美子さん、株式会社ミクシィ創業者の笠原健治さんなども卒業生ですし、旧制中学校の頃には手塚治虫さんや森繁久彌さんも卒業しました。

しかし、生徒全員が京都大学に合格できるほど優秀というわけではありません。例えば、私です。中学校までは上から数えて一桁の順位に入る成績だったこともあり、おかげで進学校にも入学できたのですが、高校入学以降は進学校に入学できたという安心感から成績が右肩下がりになり、下から数えて一桁の順位にまで落ち込んでいました。三者面談で先生が「歯科医かあ。うーむ……」と唸ったのも、それが原因です。

「歯医者になりたい」という難しい目標に対して、学力がまったく追いついていなかったのです。「もっと早く打ち明けていれば」と思ったのも、自分の学力不足を認識したことが理由の一つです。もし先生や両親にもっと早くから歯医者になるという目標を伝えていたら、それが良いプレッシャーになり、もっと勉強を頑張っていたかもしれません。サボっている姿を見た先生や両親が「そんなんじゃあ歯医者になられへんで」とお尻を叩いてくれたかもしれません。

しかし、その機会を逃したまま、私は高校2年生になっていました。歯医者になる目標を打ち明けたことで、私はその目標を有言実行するために、死に物狂いで勉強しなければならないという現実に直面することになったのです。

笑われたくない病

目標を公言したことによって勉強に取り組むようになりましたが、「笑われたくない病」はまだ治っていません。笑われたくない病とは、勝手に私が名付けましたが、誰かに笑われたり、馬鹿にされたりして傷つくことを過度に恐れる心理状態のことを指します。

私がこの病気を発症したのは、中学校の頃です。中学2年生のとき、新聞配達のアルバイトをして、自分で稼いだお金で自転車を買いました。自分が欲しいものを自分の力で手に入れ、周りに「すごい」と称賛されたことにすっかり味をしめた私は、勉強にも力が入るようになりました。塾には通っていませんので、勉強といえば学校の勉強のみです。

ただ、新聞配達で早寝早起きする健康的な生活習慣が脳に良かったのか、アルバイトと勉強を両立している充実感が良かったのか、成績はこれまで悪かったのがウソかのようにみるみる伸びていきました。

中学校は1学期と2学期に中間テストと期末テストがあり、3学期は学年末のテストがあります。その都度、先生が成績優秀者を発表します。私はいつも上位の成績を取ることができ、学年300人以上いる生徒のなかで1位になったこともありました。すると、周りの人たちが称賛してくれます。

「あいちゅん、すげえな」

「ホンマに塾に通ってへんの?」

「新聞配達してんのに、いつ勉強してるん?」

これがたまらなく快感でした。涼しい顔をして「今回は5位か。もっと下かと思ってた」とか生意気なことを言って、心のなかで満面の笑みを浮かべるのです。この経験が「笑われたくない病」を生み出しました。

努力して学力を伸ばすという点は良かったのですが、「努力する姿は見せず、スマートに振る舞う」ことに思い切り自己陶酔してしまったのです。そればかりか、「努力する姿を見られると、努力が実らなかったときに笑われる」と考えるようにもなりました。そこで、笑われないための予防線を張ることにしました。
つまり、努力する姿を見られないようにし、全然努力していない雰囲気を漂わせること によって、成果が出せなかったときに「俺はまだ本気出してへんからな」と言い訳できる ようにしようと考えたのです。周囲に歯医者になる目標を公言しなかったのも、なれな かったときに笑われるのを防ぐためです。

歯医者になると言えば、「安積が？　無理やろ」「タクシー運転手の子どもが歯医者にな れるわけないいやん」などと笑われるかもしれません。歯医者になれなかったとき、「ほれ 見てみ、やっぱり無理やったやん」「どうせ無理やと思った」などと笑われるかもしれま せん。そういう恐怖にとらわれて、私は目標を胸の内にしまっておくことにしました。

本心では絶対に歯医者になりたいと思っていましたが、その思いを隠すことにより、「本気で目指してるわけじゃない」「だから、なれなかったとしてもショックじゃない」という逃げ道をつくったのです。

描けていない目標までの道のり

逃げ道をつくり、いつでもそこに逃げ込めるようにしていた私とは対照的に、中学時代からの親友は早いうちから「京大に行く」と周囲に公言していました。彼も学年1位を取るくらいの秀才で、学力向上を目指して切磋琢磨できる友達でしたし、彼も私を同じように評価してくれていたと思います。実は彼にだけは歯医者になる目標を打ち明けていました。

「安積は将来、どうするん？」

「俺か？　俺は歯医者になる」

私は素直に答えました。

「え？　歯医者志望やったん？」

彼が驚いたのも無理はありません。彼は私の家が貧乏だと知っていましたし、歯医者は「世襲」が多く、お金持ちの家の子がなるものというイメージもあったはずだからです。

しかし、その親友は少し考えて「安積やったら、頑張ったらなれるんちゃう？」と励ましてくれました。信頼する友達にそう言われたことで、自信となり、私は本当に歯医者になれる気がしました。ただ、彼以外に目標を教えるつもりはありませんでした。

「ありがとう。でも、みんなには言わんといてな」

そう言って釘を刺しました。

「なんで？」彼が聞きます。

「俺が歯医者なんて、笑われるかもしれへんやん」

「そうかなあ。なれそうやけどな」

彼はそう言ってくれましたが、私は「安積が歯医者？」と思われたり、なれなかったときに笑われる恐怖感がどうしても拭えなかったのです。

彼は「京大に行く」と公言するだけでなく、京大卒業後の計画もきちんと考えていました。大学を卒業し、こういう会社に入る。そこで、こんな研究をする……。彼の話を聞き、計画が具体的だったことに感心しました。

私には歯医者になる目標がありましたが、その道のりは描けていません。具体的になっているのは「フェラーリに乗る」という点のみで、目標というよりは夢や妄想に近い状態でした。私が笑われたくないと思っていたのは、歯医者になる目標ではなく、歯医者になるための道のりが描けていない実態だったのです。

甲子園で優勝した同級生

中学校には、京大を目指す親友以外にも大きな目標を公言していた同級生がいました。彼は「プロ野球選手になる」と公言し、有名なリトルリーグのチームに入っていました。中学3年生で身長182センチ。彼が出場するリトルリーグの試合には複数の高校からスカウトが見にきていました。体格的にも能力的にも、本当にプロ野球選手になれそうな雰囲気がありました。

ただ、そうはいってもプロの世界は厳しいものです。難易度を単純に比べることはできませんが、歯医者になるよりもはるかに難しいと思います。街を歩いていて歯科医院を見かけることはしょっちゅうですが、プロ野球選手と出会うことはまずありません。それくらい難しい挑戦ですから、周りには「無理やろ」「プロはさすがに……」と言う人もいました。

しかし、彼はそんな言葉などまったく気にすることなく、ひたむきに努力し、練習に打ち込んでいました。周りになんと言われようと、「プロなんて」と笑う人がいたとしても、そんなことは関係ありません。逃げ道をつくろうとする素振りすらありません。その姿を見て、素直にかっこいいと思いました。そう思ったのは私だけではありません。夢に向かって取り組む姿を見て、応援する人が増えていきました。

中学を卒業して、彼は多くのプロ野球選手を輩出する名門校であるＰＬ学園に進学しました。そして、高校３年生のときに夏の甲子園に1番センターで出場し、見事、優勝をつかみました。たまたまこの年（１９８３年）のＰＬ学園は、清原、桑田のＫＫコンビが1年生として入学した年でした。清原が入学していなかったとしたら、彼は４番を打っていたほどの実力だったと思います。その後、残念ながらプロ野球の世界には進めなかったようですが、甲子園優勝まで達成すれば十分に立派な成果を得たといえるでしょう。

目標が大きいほど「無理だ」と言う人は増えます。「無茶だ」と笑う人も増えます。それは言い換えれば、目標の大きさやすばらしさが認められた証です。大勢の人に笑われるような目標こそ、人生を懸けるくらいの価値がある目標です。そのことを、私は彼の挑戦を通じて学んだのです。

やる気を失い、退化する日々

歯医者になるのはかなり難しいと知ったのも中学生のときです。いろいろと調べていくうちに、医者になるなら医学部、歯医者になるなら歯学部に行かないといけないと分かりました。また、国公立大学と私立大学の歯学部では学費に天と地ほどの差があることも分かりました。

家計の都合上、私が行けるとすれば国公立です。入学するためにはそれなりに学力が高い高校に入ることが重要です。そこで受験勉強を頑張って、無事に進学校に入学したのですが、問題はそのあとです。

中学ではそれなりの成績を取っていましたが、進学校には大阪市内外から優秀な生徒が集まります。「井の中の蛙、大海を知らず」とはこういうことをいうのでしょう。附属の大学もなく、エスカレーターで大学に行けるわけではありません。優秀な大学を目指し、入学後も勉強は続きます。むしろ大学受験に焦点を当てている学校ですから、入学してからが本当の勝負です。

（こんなに優秀な同級生がいっぱいいるのか……）

そう実感して、私は心が折れました。歯医者になる目標がはるか遠くに感じられるようになり、勉強に身が入らなくなったのです。

勉強だけに限ったことではないと思いますが、頑張れば伸び、手を抜けば落ちこぼれます。適正やセンスも大事ですが、最も重要なのは努力です。もちろん、裏技もなければ抜け道もありません。

周りが1時間勉強するなら、自分は1時間10分勉強する。ライバルが参考書を3冊やるなら、自分は4冊やる。その積み重ねによってのみ、学力は伸びるのです。筋力や人脈などもきっと同じです。

余談ですが、1日1％ずつ成長すると、1年後には37倍になるのだそうです。1の能力を、今日は1・01に、明日は1・01の101％に……と積み重ねると、1年後に37になるということです（1・01の365乗）。たった1％、されど1％です。

逆に、1の能力が1日1％ずつ衰退するとどうなるでしょうか。1年後には、1あった能力が0・03になっています（0・99の365乗）。

中学生のときの私は前者のパターン、高校入学以降の私は後者のパターンでした。坂道を転げ落ちるように成績が悪くなり、授業が分からないのでさらにやる気が低下し、気づいたら学年の底辺をうろうろするレベルの学力にまで落ちてしまったのです。

自分の気持ちに素直になる

「歯医者になりたい」と先生と親に宣言したことで、私は逃げ道を捨てました。捨てざるを得なくなった、という表現のほうが正確でしょう。歯医者を目指していることが周りに知れ渡ったことで、「本気で目指してるわけじゃない」「だから、なれなかったとしてもショックじゃない」という言い訳ができなくなったのです。こうなった以上は、再び死に物狂いで勉強に取り組むしかありません。

しかし、入学してから2年間の手抜きを、1年間の勉強で取り戻せるほど受験は甘くありません。ライバルは皆、3年間ぶっ通しで勉強しているので、3年勉強した人と1年だけ頑張った人では差がつくのは当然なのです。

刻々と受験が迫るなか、私は九州大学歯学部を志望校としました。九州大学歯学部の合格ラインは当時で偏差値60くらい。私の偏差値は50くらいでした。当時の私の偏差値では、私立の歯科大にはギリギリ合格できる可能性がありましたが、学費の面で私が通えるのは国公立だけです。九州大学歯学部に現役で合格できる見込みはほとんどありません。

そのことを決定づけたのが、受験の数カ月前に受けた全国模擬試験です。この試験で、九州大学歯学部の合格可能性がE判定だったのです。判定はAからEの5段階で、それぞれ志望校の合格率を判定します。A判定なら合格率80％以上、B判定は60～80％、C判定は40～60％、D判定は20～40％、そして、E判定は20％以下です。E判定が出た場合、通常、現役での合格の可能性は限りなく低く、その場合の選択肢は2つです。

1つは志望校を変えることです。志望校の偏差値が下がれば判定は上がりますので、現役合格の可能性は大きくなります。もう1つは、浪人です。現役合格を諦めて、翌年また志望校を受験します。この2つの選択肢を突きつけられて、私は笑われるチカラの2つ目に挙げた「素直になる」ことが重要だと感じました。

歯学部に合格するための学力が足りていない、まずはこのことを素直に受け入れました。

勉強してこなかった自分を受け入れ、「逃げ道がある」と安心していた自分も受け入れました。しかし、歯医者になりたいという思いは消えていません。

「浪人してもええから歯医者になりたい」

その思いにも素直に従わなければならないと思いました。結果、私は浪人覚悟で九州大学歯学部を目指そうと決めたのです。

笑われて気づいたこと

受験の結果は、予想どおり不合格でした。受験にミラクルはありません。努力の量が明確に表れます。そのことを実感しつつ、翌日から浪人生活がスタートしました。1年後の合格を目指して予備校に通う日々です。

ただ、予備校には同じ高校の同級生が何十人もいます。彼らも難関大学を目指しているため、浪人して再挑戦する人が多いのです。結果、予備校生活は高校生活の延長のような雰囲気になりました。

「浪人は自分だけじゃない」

そんな安堵の気持ちが生まれ、緊張感と危機感が薄れていきました。勉強に身が入らず、たまにサボってパチンコに行くようになります。パチンコをして成績が良くなるはずがなく、気づけば春が終わり、夏になり、「このままだとまずいな」と思ったときには、すっかり秋になっていました。

模擬試験の判定も一向に上がりません。何回受けてもE判定です。きちんと勉強していないのですから当たり前です。2度目の受験まであと数カ月と迫っていましたが、1年前からまったく成長していません。

そう気づいたとき、歯医者になってフェラーリに乗る夢が果てしなく遠く感じられました。教室内を見渡すと、見慣れた顔の元同級生がいます。今は一緒に高校生活の延長戦を楽しんでいますが、彼らのうちの大部分は次の受験で合格し、この安住の地から旅立って行きます。

(俺だけがいつまでもここに取り残されるんちゃうか)

そう考えたとき、私は強烈な孤独感を覚えました。孤独に耐えかねて、私は隣に座っていた友人に話し掛けました。

「なぁ、俺は将来、歯医者になってフェラーリに乗ろうと思ってるんや」

「知ってるわ。なんべんも聞いた」

「でな、これ見てみ」

そう言って、戻って来たE判定の紙を見せます。

「……Eって、ほんまに？　絶望的やん……」

そう言って、友達は笑いました。

「そうやねん。今回も絶望的やねん」

そう言って、私も笑いました。笑っている場合ではないのですが、笑いが込み上げてきました。歯医者になると言っている割にE判定であることや、1年前と変わっていないことや、どう逆立ちしてもこのままでは絶望的な現実が、おかしくて仕方なかったのです。

笑い声を聞いて近くにいた別の友達も寄って来ました。

「どうしたん？」

「安積センセー、E判定やって」

友達が私の結果を公表し、さらに笑いが大きくなりました。

不思議だったのは、あれだけ笑われることを恐れていたにもかかわらず、いざ笑われてみるとまったく嫌な気がしなかったことです。むしろ「このままではあかん」「変わらなあかん」といった重苦しい気持ちがスッと消え、肩の荷が下りたような爽快感がありました。

私の笑われたくない病も、このときから治り始めました。私はずっと「かっこつけよう」「笑われへんようにしよう」と気負っていました。しかし、私は浪人しています。2度目の受験が迫っているなか、相変わらずのE判定です。こんな状態では、どこを、どうかっこつけてもかっこよくなりません。

笑われたことによって、私は自分の勉強不足を認識しました。E判定が出ている自分と向き合えるようになり、笑われないように取り繕う無意味さに気づき、歯医者になるために本気で勉強しなければならないと思えたのです。

本気で挑んだ三度目の正直

2度目の受験は、それからあっという間に訪れました。本気になったのが少々、いえ、かなり遅かったこともあり、E判定はD判定に上がりましたが、まだまだ合格圏内には届きません。

結果、2度目の受験も不合格でした。1度目のときよりショックは大きかったのですが、笑われることへの抵抗感が消えたおかげで、次は合格できそうな気がしていました。

「安積、次どうするん？」

受験が終わって間もなく、友達に聞かれました。難関大学志望の彼も、2度目の受験に失敗していました。

「俺は宣言どおり、二浪や。次は受かる。受かってみせる」と答え、

「そうか。また予備校でな」

そう言って立ち去ろうとする友達を引き止めて、私はあることを伝えました。

「そのことなんやけどな、俺、宅浪しようと思ってるんや」

宅浪とは自宅で勉強する浪人のことです。1年間の浪人生活で、私は予備校の友達と出会いました。それは貴重な出会いであり、笑われたくない病を克服し、笑われるチカラを身につけたという点で、思考、性格、価値観が変わりました。ただ、友達がいると予備校

は楽しく、良い緊張感が保ちづらく、馴れ合いになってしまうという欠点があります。

真面目に勉強に打ち込む人もいるでしょうが、少なくとも私は、友達との楽しい付き合いに浸り、またぬるま湯に浸かってしまうだろうと思いました。絶対合格を目指すのであれば、その環境を変えなければなりません。本気にならなければなりません。そのための選択肢が、宅浪です。

家は相変わらず貧乏でしたので、幸か不幸か勉強の邪魔になる娯楽がありません。親の目がありますし、二浪になったことでかなりの負い目があるので、それも良いプレッシャーになります。そう考えて、ぬるま湯になりそうな予備校ではなく、勉強せざるを得ない自宅で3度目の受験に備えることにしたのです。

あとで聞いたことですが、友人が「安積が宅浪するって」と周りに話したところ、その話を聞いた予備校の友達が「やっと安積が本気になったか」と言っていたようです。

私自身、3度目の挑戦は本気でした。1年間、全力で勉強に打ち込みました。新聞配達のアルバイトと勉強に熱中していた中学生のとき以来、何年かぶりにスイッチが入った感覚がありました。結果、3度目の正直で、現役のときに受験した九州大学歯学部と同じ福岡県にある九州歯科大学に合格することができました。フェラーリを見てから13年、現役の人たちからは2年遅れになりましたが、ようやく私は歯医者になるための第一歩を踏み出すことができたのです。

笑いを通じて仲間ができた

私が恵まれているのは、自分を笑ってくれる友達に囲まれていたことです。彼らは私の模試の結果がE判定だったことを笑いましたが、私の目標を笑っていたのではありません。大きな目標があるにもかかわらず、本気で取り組もうとしない私の現状を笑っていました。つまり、言っていることとやっていることが合致していないことを、笑いを通じて指摘してくれたわけです。

そのことに気づいて、私も本気になれました。分からないことを素直に友達に聞けるようにもなりました。分からないことを教えてもらい、たまには私が教えることもあり（E判定ですから本当にたまにですが）、周りの力を借りながら勉強に取り組んでいくことになったのです。

それもとても助かったのですが、目標達成という点でさらに効果が大きかったのは、彼らが学力面だけでなく、精神的な支えにもなってくれたことです。医者志望の友達は「俺も二浪になりそうや。一緒に頑張ろうぜ」と言ってくれました。京大志望の友達は「二浪でダメなら三浪や」と励ましてくれました。E判定で笑われ、一緒に笑ったあの日がなければ、こういう言葉は掛けてもらえなかったと思います。

本気で取り組むからかっこいい

中学校時代から患っていた「笑われたくない病」は、振り返ってみれば、目標達成の大きな阻害要因でした。笑われることを恐れて、周り、自分、目標から目を逸らし続けたせいで、3年くらいの時間を無駄にしました。

人生100年の時代ですから、数年の足踏みは誤差かもしれません。しかし、目標があるなら、少しくらい笑われることや、そのせいでプライドが傷つくことを恐れてはいけません。傷つかないように両手で身を守っていると、つかみたいものがあっても手が出せません。笑われたくない病を患っていたときの私はまさにそのような状態でした。

目標達成のためには、傷ついてもいいから両手でつかみにいくことが大事です。両手両足を使ってもがくことで、やっとつかめるものがあります。その姿はかっこ悪いかもしれませんし、無様だと笑われることもあるかもしれません。

しかし、目標が大きいほど、それくらいの覚悟をもってつかみに行く必要があります。それが当時を振り返って得られた目標達成の教訓です。

特に最近はなんでもかっこよく、スマートにこなすのがよしとされる時代です。「アホやなあ」「かっこ悪いなあ」などと言われる機会が減り、笑われることですぐに傷ついてしまう人も増えていると実感しています。なかには「笑われたら嫌だ」「傷つくのが嫌だ」という理由で目標に挑戦することを諦めてしまう人もいるかもしれません。

私は、努力を隠してスマートにこなすことがかっこよさだと思い込んでいました。周りに「すごい」と言われることがプライドを形成すると誤解していました。しかし、今はそれが間違いだったと思います。

かっこよさとは、誰に何を言われようとも、自分の目標に向かって本気で取り組む姿のことを指します。自分が他人にどう見えるかではなく、自分が何を目指し、どんなふうに取り組んでいるかがプライドを形成します。

つまり、いずれの場合も重要なのは自分自身であり、かっこよさもプライドも、自分のなかから生まれるものだということです。そのことを、当時の自分に伝えられたらいいのになと思います。

［第5章］

「笑わせるチカラ」
～人が「面白い！」と思うポイントを見極める～

笑いが空気を浄化する

（あ、オトン、な～んかイラついてるなあ……）

厳格な、というより酒癖が悪い父がいる家庭で少年時代を過ごした私は、家庭内の雰囲気に敏感でした。もめごとが起きそう、怒られるかもしれない、ビンタが飛んでくるかもしれない……。そんな兆候を察するのがうまく、理不尽な理由で怒られたりするのを避けるために、野生動物さながらの防衛本能として空気を読む能力が身についていったのです。

同時に、笑わせるチカラも身についていきました。嫌な空気を察知したときは、志村けんさんのギャグを真似て場を和ませます。

（オトンとオカンのケンカが始まりそうや……）

そんなときは「ヒゲダンス」です。

笑いは淀んだ空気を「浄化」します。その効果を、私は幼少期の頃から体感していました。もちろん、百発百中で笑わせたわけではありません。不機嫌な父の前でドタバタと「ヒゲダンス」を披露し、「静かにしとけ！」とビンタをくらったこともありました。そういう失敗はありつつも、我が家の日常は笑いによって平穏に保たれていました。

緊張と弛緩《しかん》のメリハリがお笑いの基本概念の一つだとすれば、我が家には父がもたらす緊張感と、私がもたらす笑いの絶妙なバランスがあったのです。

「笑わせるチカラ」をつける3つのポイント

幼少期から着々と身につけてきた笑わせるチカラは、目標達成の観点からいえば、人を引き寄せる力と言い換えることができると思います。

人は楽しいことを好み、面白い人のところに集まります。人が集まるということは、そのぶん目標達成に役立つ知恵、勇気、自信、元気なども集まってくるということです。当然、仕事もうまくいきやすくなります。人が集まるということはお客さんや取引先が増えるということですし、困ったときに助け舟を出してくれる人も増えるということだからです。

誰かを笑わせるためには、相手、空気（雰囲気）、文脈などを冷静に観察することも重要です。いくら秀逸なネタだとしても、結婚式で別れのジョークはウケません。髪の毛を気にしている人にカツラの話をすると怒られます。適切なネタを、適切なタイミングで出すためにも、「あの人、ただのボケたがり」と思われないようにするためにも、自分の周囲の状況を客観的かつ俯瞰的に把握することが大事なのです。

これは目標達成にも通じます。目標達成までは長い道のりです。瞬発力も必要ですが、基本的には持久力が必要です。そのため、力の入れどころと抜きどころを見抜きつつ、「これだ」という能力を、「ここぞ」というタイミングで最大限に発揮することが求められます。

「これだ」という能力は、漫才でいえばネタです。漫才師が面白いネタをネタ帳に貯め込んでいくように、目標をもつ人は、目標達成に役立つ知識、技術、人脈などを貯め込んでいく必要があります。一本の長い漫才をつくり上げるような感覚で、目標達成までのシナリオを考えます。そのうえで、漫才でいえば落としどころ、目標達成でいえば落としてはいけないところを明らかにするということです。

歯医者を例にすると、歯科大学や歯学部の入試があり、歯科医師免許を取得するための国家試験があります。これらが「ここぞ」の場面であり、目標達成の重要な勝負どころです。歯医者になったあとも、どこで臨床研修を受けるか、どの歯科医院に勤務するか、いつ、どこで開業するかといったことを考える必要があります。

そこでつまずかないようにするために、いつ、どんな能力が必要になるか把握しておくことが大事ですし、「ここぞ」の場面で能力を最大限に発揮できるように、能力を磨いておくことが大事なのです。突き詰めていえば、笑わせるチカラは、キャリアを築く力です。笑わせるチカラを高めれば高めるほど、目標達成の可能性が大きくなるのです。

私はお笑い芸人ではありませんので、ネタづくりのコツを話すことはできません。ただ、笑いが文化になっている大阪で育ち、笑いがなければ平和を保っていられなかった安積家で育った経験から、笑わせるチカラの重要性は身をもって理解しています。歯医者になるまでの過程でも笑わせるチカラが役に立ちましたし、今の日々の仕事でも笑わせるチカラがさまざまな場面で役立っています。

そのような経験を踏まえて、ここでは「目標達成に活かす」「仕事に活きる」という観点から、笑わせるチカラの効能と身につけ方を紹介したいと思います。笑わせるチカラを身につけるうえで、重要なポイントは次の3つです。

1．相手を喜ばせる

「誰かを笑わせる」というと、爆笑をとるとか面白エピソードを披露するといったイメージをもつ人が多いかもしれません。

しかし、目標達成のための笑わせるチカラでは、そこまで高度な笑いは不要です。相手が笑顔になれば十分ですし、笑顔になれば距離が縮まり、目標達成に力を貸してくれる味方になってくれます。そのために重要なのは、「面白いことを言おう」「面白い人と思われよう」などと気負わず、相手を喜ばせようと考えることです。相手が喜べば、自然と笑顔になります。

2．オチを決める

漫才は、オチが決まれば良い仕上がりになります。途中で少々つまずくことがあったとしても「終わりよければすべてよし」です。笑わせるチカラを身につける際も、オチを決めることが重要です。

面白いと思う感性は人それぞれですので、まずは相手を観察して、どうすれば笑ってくれるかを探ります。相手の性格、心理状態、現状、興味があることなどを見つけながら、相手が笑う可能性が最も高いオチを考えて、そこに至るまでのシナリオを考えます。

これは目標達成の道のりを考えることにもつながります。オチを目標達成という言葉に置き換えると、重要なのは目標を明確に決めることであり、そのための計画（シナリオ）を考えることだといえるからです。

3．自信をもつ

どんなに面白いネタでも、「ウケないかも……」と尻込みするとウケません。一方、ネタとしてはそこそこでも「どや、おもろいやろ」と堂々と披露すると、相手が勢いに押され、笑ってくれるものです。

その差を生むのが自信です。自信は説得力です。自信が相手を動かします。最後にものをいうのは自信です。目標達成の勝負どころにおいても、「失敗するかも……」ではなく

「できる」「できないはずがない」と思って挑むことが大事です。

主役は相手

目標達成のために誰かを笑わせる場合、必ずしも自分が面白い人である必要はありませんし、面白いことを無理にひねり出して言う必要もありません。

大切なのは、「相手を喜ばせる」ことです。相手が喜べば、自然と笑顔になってくれますし、笑ってくれます。つまり、自分本位ではなく相手が主役と考えることが大事です。

歯科医院でのとある場面を例に挙げます。虫歯などが原因で歯科医院に来る人は、ほとんどの人がむっつりしています。理由は単純で、歯が痛みますし、治療のせいで時間が取られますし、歯医者は総じて無愛想ですし、要するに、楽しいことがないからです。治療に来た時点で泣いている子どももいます。歯科医院は怖いところで、歯の治療は痛いもの、というのが、歯医者に対する共通認識です。そういう患者さんにギャグを言っても絶対に笑いません。

大人の患者さんは「ええから早よ治療してくれ」と思うでしょうし、子どもの患者さんは「なんやこのおっちゃんは……」と思うことでしょう。笑う気満々のお客さんが来る劇場などとは違い、歯科医院の患者さんは笑う気など毛頭なく、ギャグを受け入れる心理的な余裕もないのです。しかし、こういう厳しい状況でも、相手の雰囲気や気分に寄り添って、喜ばせることはできます。

例えば、初診で来る患者さんには、「いきなりガリガリ削ることはありませんので心配しないでくださいね」と声を掛けてみたり、歯科治療に慣れていない子どもには、診察台に座れたときに「すごいなあ、大人の人みたいやなあ」と褒めてみたりといったように声を掛けるのです。

たいしたことではありませんし、笑いをとるつもりもありません。しかし、相手は笑顔になります。笑ってくれます。相手の目線に立ち、相手がどうすれば喜ぶだろうかと考えることにより、歯科医院は大繁盛、とまではいきませんが、地域の人たちに「あそこの歯医者はチョット違うね」「次もあの先生に診てもらおうかな?」と思ってもらえるのです。

相手を落とさず自分を落とす

異業種の場合、例えば、営業職の人や接客業の人などは、「笑わせて相手との距離を縮めたい」と考える人もいるでしょう。その場合はネタが必要ですが、ネタを選んだり準備したりする際にも「相手を喜ばせる」ことが大前提です。

「どうやって笑わせようか」

そう考え始めると、笑いをとろうとするあまり、相手や他人のおかしなところを見つけ、それをネタにしてしまうことがあります。

例えば、いつも失敗してばかりの同僚をネタにしたり、まずくて評判の近所の料理店をネタにしたり、ハゲ、デブ、チビ、ブサイクなど、人の容姿を馬鹿にする悪口も、このタイプのネタに含まれます。お笑い芸人の世界では、これも笑わせるテクニックとして使われています。いわゆる毒舌やいじりと呼ばれる芸です。

しかし、笑いで人を引き寄せ、目標達成のヒントなどをその人たちから得たいのであれば、このタイプのネタは逆効果です。毒舌やいじりのような攻撃的な笑いは、誰かを傷つけます。目の前にいる相手は傷つかなかったとしても、その人の周りに背が低い人や太っている人がいれば、彼らは傷つくでしょうし、相手も良い気分にはなりません。「面白い人だな」と思ってくれる人もいるかもしれませんが、「悪口が多い人」「人を馬鹿にする人」「デリカシーがない人」などと思われてしまうと、味方になってもらえません。目標達成のための笑わせるチカラは、相手を傷つけることなく、相手を喜ばせなければならないのです。

そこで役に立つのが、自分をネタにする自虐ネタです。攻撃的な笑いは誰かを傷つけますが、その対極にある自虐ネタなら誰も傷つきません。相手を不快にさせたり相手に嫌われることもありません。

「自分が傷つくのでは」と思うかもしれませんが、自分が傷つくのは攻撃的な笑いをしてしまったときで、「悪口が多い人」や「人を馬鹿にする人」などと思われて、自分の評価に大きな傷がつきます。

再び私の歯科医院での例を挙げると、あるとき、息子の浪人が決まったという母親が治療に来ました。

「先生、うちの子ね、全然勉強しないんです。案の定、浪人です」

悲しそうな顔をして、そんな愚痴をこぼすわけです。そういう人を見ると、笑わせてあげたいと思います。こういうときこそ、自虐ネタです。

「お母さん、大丈夫です。僕は二浪ですが、こうして歯医者になることができたんですよ。しかも、在学中には留年もしています。一年留年で一留です。一留するくらいが一流なんですよ」

そう伝えると、母親はほっとした表情（もしかしたら呆れた表情かもしれませんが）を見せ、笑いました。

決して大爆笑をとるようなネタではありません。しかし、それで十分です。目標達成のために笑わせる目的は、「面白い人」と思われることではなく、誰も傷つけずに相手を笑わせ、その結果として相手が喜んだり、自分と相手の距離を縮めたりすることなのです。

笑えるのは美談ではなく失敗談

ちょっとした自虐ネタでも、相手は笑ってくれます。そう考えれば、ネタはたくさん見つかります。過去に失敗したことがない人はいませんし、誰だってコンプレックスの1つや2つはもっているものだからです。失敗やコンプレックスの話は、自分としてはあまり披露したくなく、面白いと思えないかもしれません。しかし、相手が笑ってくれて、その結果として目標達成が近づくなら、使わない手はないでしょう。失敗は財産であり、コンプレックスも財産なのです。

ところで、成功した経営者の自伝などを読んでいると、かっこいい話がたくさん出てきます。起死回生の事業がうまくいった、従業員をリストラすることなく経営難を乗り切った、利益はあとからついてくる、リスクを取らなければ成長はない、など……。もちろん、このような話から学べることはたくさんあります。夢や目標をもつ人は、成功者の美談に触れることで刺激を受けたり、奮起したりするものです。

ただ、順風満帆に生きてきた人はいません。誰もがどこかでつまずき、失敗したり失態をさらしています。優れた経営者も例外ではなく、失敗しているはずです。挑戦の数が成功する確率に結びつくとすれば、成功者ほどたくさん失敗しています。

相手を笑わせるという点から見ると、重要なのは失敗です。成功につながった光の部分ではなく、失敗、失態、後悔、恥といった陰の部分があるからこそ、人間味が伝わり、親近感が湧き、信頼感が生まれ、その結果として笑顔になってくれるわけです。

美談を聞いても笑えません。失敗談は笑えます。つまり、「谷あり、谷あり」の人生を歩み、たくさん壁にぶつかってきた人ほど、自分では意識していないかもしれませんが、上質な自虐ネタがたくさん詰まったネタ帳をもっているのです。

最適なオチを考える

笑わせるチカラを身につける2つ目のポイントは「オチを決める」ことです。オチは、笑いを引き出す決め手です。自分のネタ帳（経験や記憶）のなかで、相手に最もウケそうなネタを選別することが、オチを決めることです。

前述した浪人生の母親の場合、息子が浪人することに対して不安を感じていました。それなら、学力に関する自虐ネタがオチになります。幸い、私は勉強で苦労してきましたので（自慢することではありませんが）、ネタは豊富です。それを自分のネタ帳から引っ張り出すことによって、母親を安心させることができ、きちんとオチをつけて、相手を笑わせることができるわけです。

人は、不安が解消されたときに笑顔になります。おいしいものを食べたとき、優しくされたとき、退屈さやつまらなさが解消されたときなどにも笑顔になります。私が思うに、これが笑いのツボです。

笑っていない人や笑わない人は、心理的、身体的に満たされていない部分があるはずですので、それを満たすことができれば、それがオチになり、笑顔を引き出すことができ、笑わせることができます。そう考えると、重要なのは、相手が満たされていないと感じていることや、満たしてほしいと感じていることを見つけることです。

再度、歯科医院を例にすると、患者さんにはいろいろなタイプの人がいます。せっかちな人がいれば、のんびりなタイプの人もいます。内向的で無口な人がいれば、外交的でおしゃべりな人もいます。

診察では、当然ながら歯や口の中を診るわけですが、そのときに、私は患者さんがどういう性格で、どういう人なのかを観察しています。その観察を経て、例えば、患者さんがせっかちな人であれば「短期間で治療して喜んでもらおう」といったオチ（治療方針）を決めます。このオチを踏まえて、初診から治療を終えるまでのネタ（治療計画）を考えます。

せっかちな人は、治療に時間がかかることを嫌がります。「早く終わらせたい」と思っています。その希望を満たすことにより、「早く終わって良かった」と笑顔になってもらえるのです。

サービス精神が大事

患者さんのなかにも「歯医者はサービス業」と思っている人がいます。そのような人たちは通称として私を「先生」と呼んでくれつつも、本心では「こっちは金を払ってる客や」「俺のほうがエラい」「早よ治療せい」と思っていることもあります。また「お客さまは神さま」の上から目線で物事を考えているケースもあり、こちらが十分に説明しても「聞いてへん」「よう分からん」と言われることがあったり、「痛い」「遅い」「長い」「下手くそ」といったクレームが出てしまったりすることもあります。

歯科医療はサービス業の側面がありますので、治療で痛みを取るだけでなく、治療を通じて患者さんに満足してもらう必要があります。そのためにも、笑いを引き出すオチ（治療方針）が大事ですし、笑ってもらいやすくするためのネタ（治療計画）をもつことも重要です。

自分に好意的でない人も笑わせられる

正直に言うと、前述のようなタイプの患者さんの治療はやりづらく、例えば、「うちでは治療が難しいです」などと言ってしまい、別の歯科医院に移ってもらうという選択肢も一つあるでしょう。

ただ、私は基本的には断りません。患者さんは歯医者を選べますが、歯医者は患者さんを正当な理由がある場合を除いて、選んではいけないと思っているからです。難しい相手です。しかし、そこで笑わせるチカラを発揮しようと考えます。

「よし、この患者さんの治療は5回や。最後の治療の日までに笑わせよう」

そんなふうに目標を立てて、笑わせるためのオチ（治療方針）を考えるのです。

このタイプの患者さんは、自分がぞんざいに扱われたり、雑に対応されたりすることに過剰に反応します。丁寧に扱ってほしいから、「自分は客や」「お金を払ってるんや」と強くアピールするのです。そのため、私はこのタイプの人と接する際には、いつもより丁寧にヒアリングします。笑顔で明るく、親切に接しながら、説明も治療もきちんと行います。

すると、徐々にですが相手の態度が変わっていきます。初診のときは「早よしてや」「痛くせんといてな」とタメ口の命令口調だった患者さんが、2回目や3回目の治療では「次回の治療はどれくらい時間がかかりますか」と、丁寧語に変わります。4回目には「痛みが取れた気がします」と、少し笑顔を見せるようになり、5回目の治療が終わるときには「治りました。ありがとうございました」と笑顔で帰って行くようになるのです。

これは快感です。大爆笑をとったときよりも爽快感があり、充実感があります。相手を笑わせることは、相手を気持ち良くするだけでなく、巡り巡って自分も気持ち良くなることなのです。

もちろん、これはうまくいったときの話です。全員が笑顔になってくれるわけではありませんし、完治してもむすっとしたまま歯科医院をあとにする患者さんもいます。

しかし、重要なのは「笑わせてやろう」という意識をもって接することです。丁寧に接すれば相手の笑いのツボが見えます。不満に思っている点が見え、不満を解消するオチ（治療方針）が見えて、ネタ（治療計画）が決まり、何をすればよいか把握できます。「面倒な患者さんだ」などと考え、嫌な気持ちで治療するのを避けられますし、「丁寧にやろう」と思うことで、うっかりミスを防ぐことにもつながるのです。

人生のオチを意識する

オチを決めることとは、時間軸を長くして見ると、目標を決めることと言い換えることができます。オチを人生の目標、ネタを目標達成の道のりと考えると、患者さんを笑わせるという小さな目標を達成するときにも使えますし、歯医者になる、お金持ちになるといった、人生を懸けて挑むような大きな目標を達成するためにも大いに役に立ちます。

少し強引な言い方かもしれませんが、途中の掛け合いがグダグダでも、オチがビシッと決まれば、お客さんは笑います。「面白い漫才だった」と拍手してくれます。

人生も同じで、多少の紆余曲折があっても、重要なのはオチです。最終的に目標達成できれば良い人生ですし、途中経過が完璧でも、最終的に目標が達成できなければ、それは良い人生とは呼べません。

そう実感したことが2回あります。1つは、九州歯科大学の受験のときです。私は二浪して、三度目の正直で志望校に合格しました。ただ、2回目の受験のときも、3回目の受験のときも、実は滑り止めの大学は受かっていました。2回目のときは、某大学に合格しました。九州大学歯学部がE判定だと分かり、どこか確実に受かるところはないだろうかとA判定の可能性が高い大学を探したところ、この大学の存在を知り、受験をしたら合格したのです。

そのときに考えたのが、確実に合格を取るか、二浪して歯医者を目指すかです。一浪で合格のほうが見栄えは良いのですが、歯医者になる目標は捨て切れません。

某大学を卒業後は公務員になる道が見えるわけですが、それまで自分が公務員になるなど一度も考えたことがありません。よって二浪を決意しました。公務員はすばらしい仕事ですが、私には向いていません。最後の最後で「良い人生だった」と振り返るためには、歯医者にならないといけないと思ったのです。

3回目の受験のときも同様に、海上保安大学校に合格していました。このときも、自分が海上保安官になることなど想像したことすらありませんでした。海上保安官は国の平和・安全を守るすばらしい職業です。責任感が伴う仕事ですし、とても生半可な気持ちで目指して、続けられる職業ではありません。結果この年に、無事、九州歯科大学に合格できました。

ブラック医院の雇われ院長

人生のオチを意識した2回目の出来事は、歯医者になってから5年ほど経ったときのことです。無事に歯医者になれたことで、私の次なる目標は、自分の歯科医院をもつことに変わりました。つまり、独立開業です。

周知のとおり、歯医者は世襲が多く、お金持ちの家の人もたくさんいます。そのため、親の歯科医院を継いだり、親からの資金援助を受けて独立開業したりする人も少なくありません。私の大学の同窓生も裕福な人が多く、親から土地や資金の援助を受けて、開業していました。

ただ、このような援助は安積家ではとうてい見込めません。そのため、私は勤務医を続けながら少しずつお金を貯め、自力で独立開業の道を模索していました。そんな折、「隣の県で歯科医院をつくる。ついては雇われ院長を探している」という話が舞い込みます。しかも、高給厚遇です。

この話を聞いた私は、生まれついての金銭欲の深さに脳を支配され、すぐに応募し、採用されました。同窓生とは少し経緯が異なりますが、晴れて自分も院長になり、自分の城をもつことができたわけです。

ところが、これが大失敗でした。雇い主の会社は医療とはまったく関係のない業種の会社で、当時、右肩上がりで業績を伸ばしており、イケイケの会社で、とにかく稼ぐことが第一でした。

そのため、日曜日も祝日も関係なく診療です。会社の計画では、患者さんが少ないときは、往診車を出して診療に出向き、さらには、年中無休で診療だ、次は24時間診療だと、どんどんエスカレートしていくのです。

会社としては、歯科医院経営のイノベーションを目指していたのかもしれません。しかし、周囲の目は冷ややかです。

歯医者の業界には、日曜や祝日は休診するという「村のルール」があります。それをことごとく壊していく私（厳密には会社の方針なのですが）は、当然ながら嫌われます。

「大阪から来た安積いうのが無茶しよる」

そう言われて、当初は、地域の歯科医師会にも入れてもらえず、村八分にされることになったのです。

さらに、開業して半年くらい経ったときには、身に覚えのない不正請求で行政指導を受けることになります。

「安積のような強引な経営を許すと、雨後の筍のように企業経営の歯科医院が増える」

「個人経営の歯科医院の脅威になる」

そのような理由で、「歯科医村」の誰かが行政指導を要請したのでしょう。行政指導はまるで警察の取り調べ室のようで、密室で3時間半にわたり、「不正請求してるやろ」「認める」と罵詈雑言を浴びせられました。

心が折れそうになりつつも、少年時代に鍛えられた強い精神力でどうにか無実を証明しましたが、このとき、「自分は何をしてんねん」と情けなくなりました。自分の歯科医院をもち、一国一城の主になったつもりでした。

しかし、現実は想像とは大きく違い、「ブラック歯科医院の雇われ院長」です。これでは笑えません。過労死で死んでも死に切れません。このままだと想定外のネタで、想像もしていないオチを迎えます。そう考えて、すぐに辞表を出しました。大阪に戻り、再び勤務医となり、自力で開業する道を歩くことにしたのです。

無事に開業できたのは、それから1年後のことです。医院名のとおり、ハッピーな開業にたどり着けたのは、紆余曲折にへこたれることなく、歯医者としての人生のオチ（目標）を明確に描けていたからなのです。

堂々と言えば2割増しで面白い

笑わせるチカラを身につける3つ目のポイントは「自信をもつ」ことです。絶品、とまではいかないくらいにおいしい料理でも、シェフに「自信作です」と言われると、ちょっとおいしく感じるものです。笑いも同じです。ネタとしてはまあまあでも「どうや」「面白いやろ」と堂々と披露すると、私の感覚では面白さが2割増しくらいになります。

そもそも、おいしい、美しい、面白いといったことは、個々の感性が支配することで、感性は人それぞれです。お笑いコンテストを見ても審査員の評価は微妙に分かれますし、そのことからも万人が大笑いするネタはないことが分かります。

だからこそ、「何を言うか」よりも「どう言うか」です。

相手に笑ってほしいという気持ちがあり、そのためにこの話を選んだのだという自信があれば、その思いは相手に伝わりますし、笑顔や笑いを引き出せるものなのです。

経験談は自信をもって語れる

「どう言うか」と同じくらい重要なのが「誰が言うか」です。

例えば、「ふとんがふっ飛んだ」は、お笑い芸人でもない私のような一般人が言ったところで特に面白くありません。しかし、さんまさんやダウンタウンの二人が言うと、なぜか少し面白く感じるはずです。何が違うのかというと、背景が違います。

「笑いに精通したこの人が言うんやから、面白いんやろう」「面白いはずや」「笑うところやな」

そんな思考が働き、やはり面白さが2割増しになるのです。同じことが日常会話の笑いについてもいえます。

私は二浪して歯科大学に入ったので、浪人生の苦労や苦悩の話ができますし、周りの人もそれを面白いと思ってくれます。

少年時代の貧乏エピソードも多くの人が笑ってくれます。その理由も、私が実際に貧乏生活を経験しているからです。

「銭湯で売っていた30円のコーヒー牛乳が飲みたかった」

たったそれだけのことでも、私なら実感がこもっていますし、本気で飲みたいとずっと思っていたので、それが笑えるわけです。

貧乏も浪人生活も経験をしているので、語ることができ、話に説得力が生まれ、笑ってもらいやすくなるのです。貧乏が奏功したとか、失敗をしましょうとか、そういうことを言いたいのではありません。自分が実際に経験したことほど、自信をもって披露できるということです。

ちなみに、私のお笑い遍歴を紹介しておくと、中学3年生のときに漫才ブームが始まり、島田紳助・松本竜介さん、オール阪神・巨人さん、横山やすし・西川きよしさんなどの漫才に大爆笑しました。ただ、当時いちばん好きだったのは、笑福亭鶴瓶さんの中学時代の実話でした。練りに練ったネタも好きですが、それ以上にリアリティのある話が笑えたのです。

今も、数あるお笑い番組があり、自称、お笑い評論家としてたくさんの番組を見ていますが、そのなかでも「おもろいなあ」と思うのは実話で構成されている『人志松本のすべらない話』です。

「事実は小説より奇なり」というように、世の中ではたまに、とんでもなく面白いことが起きます。その「笑撃」を語れるのは、経験者です。あれこれネタを考えたり、付け足したり演出したりしなくても、目の前で見たこと、起きたことが面白いと感じたならば、それを自信をもって伝えることで、相手にも面白さが伝わるものなのです。

自信は目標達成につながる

自信をもつことは目標達成においても重要です。自信をもつことによって面白さが割増になるように、自信をもって取り組めば目標達成の可能性も割増になります。

「どうせ売れないだろう……」と考えて売る商品は、まず売れません。事業の立ち上げも、銀行融資の申し込みも、愛の告白も、貯金も、お小遣いの値上げも、あらゆる目標において、「きっとダメだ……」と考えていると、結果はダメになります。

自信過剰はよくありませんが、それよりもよくないのは自信がなさ過ぎることです。なんの努力もしていない場合は話は別ですが、目標がある人なら、多少はなんらかの努力をしているはずです。

ダメだと考える前に、努力したことに自信をもつことが大事です。努力は自信を生みますし、自信は良い結果をもたらします。スピリチュアルな話は好きではありませんが、自信をもって取り組むことで、運さえも良くなることもあります。私が開業できたのも、「自分にはできる」と思い込み、自信をもって取り組んだからです。

開業の機会を呼び込んだ

通常、歯科医院の開業には3000万円から4000万円の資金が必要です。これは内装や設備にかかるお金で、土地を買い、更地から建物をつくるとなると億単位のお金がかかります。

世襲の人やお金持ちの人が開業できるのは、この資金を援助してもらえるから、または、歯科医院そのものを受け継ぐことができるからです。この援助がない人は、銀行から融資を受けるのが一般的で、その際には担保が必要です。

もはや言うまでもないですが、私は後者です。しかも、担保となる物件などはなく、十分な融資は受けられません。そこで、できるだけ初期投資をかけずに開業しようと考えて、「居抜き」開業を目指しました。居抜きとは、中古の建物や設備を丸ごと買うことで、跡継ぎがいないなどの理由で廃業する歯科医院を探そうと考えたわけです。

以来、業界新聞に載る物件情報探しが日課になりました。そしてある日、「歯科医院売ります」の広告を見つけたのです。連絡を取って話を聞きに行ったところ、その医院の院長は46歳にして膵臓がんで亡くなられたとのことでした。まだ開業して1年半しか経っていません。奥さまは「主人の思いが詰まったこの医院を形として残したい」と考え、売りに出されたのです。

歯科医院の売却は頻繁に出るわけではなく、物件は条件が良かったため、買い手候補はほかにもいました。しかし、だからといって諦めるわけにはいきません。

そこで、開業への熱意を伝えるべく、自分が小学校の頃から歯医者を目指してきたことや、「谷あり、谷あり」の人生を歩みながら、ようやくここまでたどり着いたことなどを包み隠さず話すことにしました。

貧乏だったことのコンプレックスはすでにきれいに消えています。二浪、一留の経験も、ブラック企業で雇われ院長をしていたことも、胸を張って話すことではないですが、自分の経歴の一部として受け入れています。だから、包み隠さず話すことができたのです。

すると、その歯科医院の亡くなった先生も中学2年生で新聞配達をしていたことや、井上陽水さんの大ファンであることなど、共通点が分かり、そのことに運命を感じてくれた奥さまが、私に売ると決めてくれたのです。

「どうせダメだろう……」と後ろ向きに考えていたら、自分のことは語らず、亡き先生との接点も見つからなかったでしょう。そもそも業界新聞で物件情報を探すことすらしなかったかもしれません。

何が開業のチャンスを呼び込んだかというと、「自分は絶対に開業できる」「チャンスは巡って来る」という自信です。

自信をもち、自信をもつために努力し、失敗もコンプレックスも含めて、努力してきた自分を丸ごと受け入れ、さらけ出す勇気をもつことが、相手を笑わせるチカラになり、目標達成に近づく力にもなるのです。

［第6章］

人生、笑ったもん勝ち

理不尽のなかで考えたこと

「人生、谷あり、谷あり」です。ここまで紹介してきたとおり、私の人生は貧乏暮らしからのスタートでした。ようやく開業し、順風満帆にいく、流れに乗れた、と思ったのもつかの間、開業したあとも「谷あり、谷あり」の試練は続きます。

そのなかでも特に厳しい谷だったのは「落書き事件」です。あれは開業して5年目のことでした。ある日、いつものように歯科医院に出勤すると、医院の看板にデカデカと落書きがされていました。「ヘタクソ」「やぶ医者」「悪徳歯科医」など、思い返すのもおぞましいような文字が看板に落書きされていたのです。

心ない誹謗中傷の落書きを見て、私はパニックに陥りました。これほどショックを受けたのは、大学在学中に留年したとき以来です。そのときのショックより大きかったかもしれません。

ただ、悠長なことはいっていられません。間もなく診療が始まります。悪口が書かれた看板を見れば、患者さんは嫌な気分になりますし、不安になります。とりあえずベンジンで看板の落書きを消し、それからすぐに警察に連絡しました。看板の落書きは犯罪ですし、罪になることを承知で落書きすることに、悪意を通り越して敵意を感じます。スタッフや患者さんに万一のことがあってはなりません。

そこから数日は、通常どおりに診療をしつつ、時間をつくって警察に相談に行きつつ、スタッフや患者さんの間で変な心配が生まれたり、変な噂が立ったりしないようにケアしつつ過ごしました。

（なんでこんな目に遭うんや）

（真面目にやっている自分が、なんでこんな仕打ちを受けなあかんのや）

あらゆる理不尽を経験してきた私ですが、今になって振り返っても、このときほど理不尽さを感じたことはありませんでした。もちろん、落書きされる理由は思い当たりません。診療ミスもありませんし、「やぶ」と呼ばれる理由が分からないのです。

ただ、今になって思うのは、私が「きちんと治療した」と思っていたとしても、患者さんがそう思っていない可能性はあったのかもしれない、ということです。

患者さんは、歯科治療を受ける前よりも、受けたあとのほうが必ず症状が良くなると思っています。しかし、抜歯などの治療では、治療前よりも抜歯後のほうが歯茎が腫れることがあります。これは歯科医側からすれば普通のことなのですが、それが普通であることを患者さんが知らなければ、「治療に問題があったのではないか」と疑うこともあり得ます。

「聞いていない」と言われれば、それまでです。「伝えたはず」「言ったはず」と思っていても、患者さんが聞いていないと言うのなら、伝えていないのと同じです。医療業界には、「先に言えば『説明』、あとに言えば『言い訳』」という格言があります。もしかしたら日々診療を行うなかで患者さんとのコミュニケーション不足があったのかもしれません。無意識の間に自分本位で治療を進めたことがあったのかもしれません。

落書き事件は、患者さんとの向き合い方や、治療に臨む姿勢を振り返る大きなきっかけになったのです。

「笑うチカラ」で前向きになれる

それからしばらく警察による捜査が行われましたが、結局、犯人は分からず終いでした。

私も日々の診療がありますので、それ以上犯人探しに時間を割いている余裕はありません。忙しくしているうちに、犯人のことも事件のことも、「仕方ない」と思うようになっていきました。そして、徐々にこの事件を冷静に受け入れ、振り返ることができるようになり、2つのことを思いました。

1つは「今回もまた笑いのチカラに助けられた」ということです。落書き事件は精神的にも経営的にも厳しい出来事でした。落書きのことは間もなく地域に知れ渡り、「何かあるんじゃないか」「何かやらかしたのではないか」と考えた患者さんたちが離れていきました。

しかし、実際には何もありません。私が把握できないところで、患者さんたちが私の治療をどう感じていたかまでは分かりませんが、治療に関しては何も間違ったことはしていないのです。ならば、落ち込んでいる場合ではありません。笑えない事件ですが、笑います。「なんでこんな目に……」といったネガティブな感情を吹き飛ばし、落書きのことを知ったうえで来院してくれる患者さんに感謝し、地道に、丁寧に治療を続けていくことができました。

そもそも、嫌なことは起きるものです。自分の状況や想定とは関係なく、突然、思わぬところから谷がやって来ます。大勢の人を巻き込む大きな出来事だけで考えても、私が勤務医だった1995年には阪神・淡路大震災がありましたし、開業後はリーマンショックがあり、東日本大震災がありました。

近年でいえば、コロナ禍です。緊急事態宣言が国内で初めて発令された2020年4月、ニューヨーク・タイムズ紙は「歯科医師、歯科衛生士、歯科助手が最も感染リスクの高い職業」と、一面にデカデカと掲載しました。ここから診療自粛のムードが広がり、患者さんが激減し、私の歯科医院を含め、多くの歯科医院が経営的に苦境に立たされることになりました。

真面目に仕事に取り組んでいても、真剣に目標達成に取り組んでいても、それを阻む谷は容赦なくやって来るものなのです。

そのような苦境を乗り越える第一歩が前向きになることであり、それは笑うチカラがもたらしてくれます。個人的な問題も社会的な危機も、大小さまざまな谷を越えるために、まずは笑うことが大事ですし、笑うチカラが重要なのです。

笑わせること=人を喜ばせ、幸せにすること

落書き事件では、笑うチカラのほかに、笑われるチカラと笑わせるチカラにも助けられました。笑うことを心掛け、日々の診療に全力を尽くす一方で、「落書きするくらい怒った人がいた」という事実とも素直に向き合う必要があると感じました。失態から目を背け、隠そうとするのではなく、素直に現実を受け入れて、自分に何が足りなかったのか考えます。

落書きされたことは恥ずかしいことですが、同期や先輩の歯科医師には、笑われる覚悟で落書きの一件を話しました。落書きした患者さんはどんなことを考えたのか、自分には何が足りないのかを、笑われることを通じて学ぼう。そんなふうに思い、自分の治療を見直しました。

当時の私は知らず知らずのうちに調子に乗っていたのかもしれません。日々、患者さんが来てくれます。開業以来、患者さんの数も売り上げも右肩上がりで増えています。そういう状況に甘んじて、私は歯医者として基本的な心構えを忘れかけていたのです。

基本的な心構えとは、治療を通じて笑顔をつくることです。歯を治すだけでなく、「この歯科医院で診てもらってよかった」と感じてもらい、健康、安心、そして笑いを提供することです。

初心に戻らなければならない。相手を喜ばせ、笑ってもらわなければならない。そう思い、私は改めて笑わせるチカラを意識するようになりました。この失敗をきちんと活かそう。「やっぱりええ歯医者や」と評価してもらえるようになろう。そう思えたのも、相手を喜ばせ、笑わせることの重要性を認識していたからです。

笑いの絶えない楽しい人生を送るためには、常に目標が必要

落書き事件を経て思った2つ目のことは、「目標を失っていた」ということです。歯医者になる目標を達成し、開業する目標を達成した結果、私は次の目標を失っていました。

自分は今、何を目指しているのか。どこに向かっているのか。絶対に譲れないものは何なのか。これらは、私が歯医者を目指し、開業を目指していたときによく考えていたことです。

当時はその答えが明確でした。しかし、このときの私は答えをもっていません。落書き事件を経て、そのことに気がつきました。落書き事件の「おかげ」というべきかはともかく、落書き事件が、目標を失っている自分に気づく機会になったのです。

目標がなければ前進できません。成長していくためのシナリオもつくれませんし、ただ惰性で目の前の仕事をこなすだけの毎日になってしまいます。事実、開業してからの5年は、そういう状態に近かったかもしれません。

振り返ってみれば、惰性に近い状態で治療をしてきたことが、患者さんの不満につながり、落書き事件を引き起こしていた可能性もありました。

進学校の高校に入ったとき、私はつい手を抜いてしまい、成績がガタ落ちになりました。二浪の末に歯科大学に入ったあとも、気を抜いたせいで一留することになりました。同じことを繰り返しているなと思いました。

目標は、達成することも大事ですが、達成したあとも大事です。達成したら、そこで安住するのではなく次の目標を考えます。目標を立て、達成し、達成したら更新します。この繰り返しが大事ですし、日々、楽しく、笑いながら過ごしていくためにも、常に目標をもち、達成に向けて努力できる状態を維持していくことが大事なのです。

目標を明確にする

これを機に、私は目標を再設定することにしました。大きな目標として、最終的に「フェラーリに乗る」ということです。フェラーリは私の原点です。今日につながるあらゆる挑戦が、あの日、あのとき、歯科医院の前で見たフェラーリから始まっています。

当初の想定（といっても小学生のときの想定ですが）では、50歳になる頃にはフェラーリBBを乗り回しているはずでした。現状、私はその歳を過ぎているわけですが、フェラーリはまだ遠く、愛車はトヨタのプリウスです。すでに23万キロも走っています。

ただ、目標達成は長い道のりですので、もはや数年の遅れは気にしません。ここまでくる過程でも、大学受験で2年、在学中の留年で1年、ほかにもいろいろと合わせれば、数年分の遠回りをしてきました。数年の遅れは誤差と考えるようにして、引き続きフェラーリに乗る目標を目指します。

ちなみに、私が憧れたフェラーリBBは、中古車市場でだいたい2000万円です。予算的には、数年後は難しく、10年以上かかる気がしていますが、運転免許の自主返納を求められる年齢になるまでには、どうにかしたいと思っています。

一方で、フェラーリを長期的な目標におきつつ、日々の目標もつくることにしました。その目標とは、私のクリニックに来る患者さんをハッピーにすることです。これは自分にとって価値ある目標です。これまでに培ってきた笑いのチカラも存分に発揮できます。

笑って死ぬことは、人生最高のオチ

フェラーリよりも長期の目標も考えました。人生はさらにロングランです。フェラーリに乗れたあとの人生が惰性の日々にならないように、さらに大きく、さらに時間軸が長い目標が必要だと考えたのです。

その目標は、「笑って死ぬ」ことです。「笑い死に」ならなお最高です。

「ああ、楽しいなあ」

そう思いながら、ぽっくり死ねたら最高です。それが難しければ、せめて葬式のときに親族に囲まれて、「面白い人やったなあ」と言われることを目指します。「谷あり、谷あり」の人生でもがき、右往左往した話などを思い出してもらいながら、お線香をあげてほしいと思っています。

お葬式と歯科医院では誰も笑わないというのが一般的なイメージですが、私の歯科医院では、少しずつ笑いをつくり出せるようになりました。その勢いで、自分が死んだあとのお葬式にも笑いをもたらしたいと思っています。

人は誰でも、最期があります。生き急がなくても慌てなくても、最終的には天に召されます。漫才のネタになぞらえれば、最期のときがオチです。笑って終わる最高のオチになるように、苦しいことを乗り越え、楽しいことを探し、笑い、笑われ、笑わせながら、オチに向かいたいのです。

笑いのチカラでたくさんの目標を達成し、「ああ、面白かった」と満足できる人生を皆さんにも実現してほしいと思っています。

おわりに

念願の歯科大学に合格したとき、私はそれまでの人生で最大級の喜びを感じました。一方で、私と同じくらい母や姉も喜んでくれましたし、親戚も喜んでくれました。そして、父も喜んでくれました。

後日聞いた話ですが、私が歯科大学に合格したと聞いた父は、あまりのうれしさに家を飛び出し、自転車で父の兄（私の伯父）に報告に行ったのだそうです。そして、伯父とともにお酒を飲み、満面の笑みを浮かべて「掃きだめに鶴が舞い降りたみたいや」と言っていたそうです。

この話を聞いたとき、「気難しくて酒癖が悪い、あの父が？」と思いましたが、父は私よりも私の合格を喜んでくれたのかもしれません。

それから5年後、私が大学を卒業する前に、父は他界しました。その後、私は結婚し、娘が生まれました。娘が小学生になってしばらく経ったある日、やけにニコニコして学校から帰って来たので、その理由を聞いたことがありました。

「おかえり。なんかいいことでもあったん？」

「あった」

「教えて」

「あんな、友達に『パパは何してるん？』って聞かれて『歯医者』って言うたら、友達が『すごいなあ』って驚いてん。それが今日のいいこと」

そう聞いて、私はうれしく感じ、娘と同じくらい笑顔になりました。娘（当時）は、歯医者になる大変さを知りません。私が二浪して大学に入ったことも知りません。

しかし、友達に「すごい」と言われ、ニコニコです。父が喜んでくれたように、娘も喜んでくれています。そう考えれば、苦労した甲斐があったというものです。

私は、自分のために歯医者を目指し、開業を目指してきました。少なくとも、目標達成するまではそう思っていました。

しかし、改めて振り返ると、目標達成に取り組んだ結果、自分だけではなく周りの人も笑顔になりました。目標をもって努力している人たちには、そのことを知ってほしいと思っています。

今、皆さんが目標に向かって取り組むことで、皆さん自身はもちろん、皆さんの周りにいる人たちも笑顔になり、幸せになれます。だからこそ、絶対に目標を達成してほしいと願っていますし、そのための一助として、笑いのチカラについて知ってほしいと思います。

多少の遠回りがあっても焦る必要はありません。失敗やつまずきも気にする必要はありません。諦めずに挑戦すれば、道は開けるものです。

ちなみに、歯医者は世襲が多い業界ですが、娘は歯医者になる気はまったくないようです。少し寂しい気もしますが、目標は誰かに与えられるものではなく、自分で見つけるものです。いずれ自分で見つけた目標を自力で達成するときが来るでしょう。

そのとき、私はきっと、歯医者になったときや開業したときよりも大きな喜びを感じ、かつての父がそうだったように、満面の笑みを浮かべるだろうと思っています。

安積　中（あづみ　なか）

あづみハッピー歯科医院院長

生まれ育った家庭は裕福でなかったが、小学生時代に近所の歯科医院に停まっていたフェラーリを見て憧れ、歯科医を志す。1981年大阪府立北野高校に入学するものの、学業に身が入らず大学受験に失敗。浪人時に一念発起して勉学に励み、福岡県立九州歯科大学に合格。1993年大学卒業後、5年の勤務医と3年の雇われ院長を経て、2002年大阪市平野区にてあづみハッピー歯科医院を開業。気取らない、庶民感覚の対応を心掛ける「町の歯医者さん」を目指している。

本書についての
ご意見・ご感想はコチラ

人生を切り開く笑いのチカラ

二〇二一年七月三〇日　第一刷発行

著　者　安積　中

発行人　久保田貴幸

発行元　株式会社　幻冬舎メディアコンサルティング
〒一五一-〇〇五一　東京都渋谷区千駄ヶ谷四-九-七
電話　〇三-五四一一-六四四〇（編集）

発売元　株式会社　幻冬舎
〒一五一-〇〇五一　東京都渋谷区千駄ヶ谷四-九-七
電話　〇三-五四一一-六二二二（営業）

印刷・製本　シナノ書籍印刷株式会社

装　丁　山﨑瞳子

検印廃止

Printed in Japan　ISBN 978-4-344-93248-7 C0036

幻冬舎メディアコンサルティングＨＰ　http://www.gentosha-mc.com/